초등 세계사 1

글 손주현 | 그림 김윤정, 조승연

이 책의 특징

어휘를 알면 독해가 쉽다! 어휘력을 빵빵하게 키워 독해를 쉽게 할 수 있습니다.

글을 읽고도 무슨 뜻인지 모르는 이유가 무엇일까요? 글을 읽고 그 내용을 이해하는 능력인 독해력이 부족하기 때문입니다. 독해력은 문장을 읽고 이해하는 능력인 문해력과도 연결됩니다. 문해력을 기르려면 어휘력이 바탕이 되어야 합니다. 『어휘로 잡는 빵빵 독해』에서는 어휘의 의미와 쓰임을 다양한 상황으로 구성해 보여 줌으로써 아이들이 어휘를 쉽게 이해할 수 있게 하였습니다. 또한 이렇게 익힌 어휘를 짧은 문장으로 확인하는 문제를 통해 문해력을 키우고 긴 글까지 확장해 이해할 수 있도록 하였습니다.

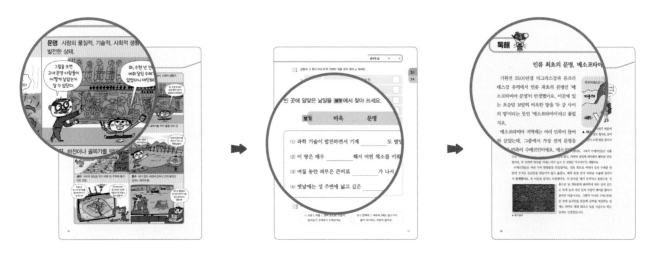

역사 교과와 연계한 독해 프로그램으로, 교과 지식을 넓힐 수 있습니다.

중등 역사 교과서에 나오는 주제로 구성된 다양한 지문을 통해 독해 능력을 키우고 교과 공부에 필요한 기초 지식도 키울 수 있도록 하였습니다. 또 '교과서 속 세계 인물'을 통해 중등 역사 교과서에 나오는 인물들의 이야기를 읽어 보는 경험을 할 수 있습니다.

주	일차	학습 주제	주	일차	학습 주제
1주 고대 서아시아와 이집트	1	메소포타미아 문명	**3주** 고대 그리스	1	그리스 문명
	2	바빌로니아 왕국		2	아테네와 스파르타
	3	이집트 문명		3	그리스의 번영과 쇠퇴
	4	페르시아 제국		4	알렉산드로스 제국
	5	페르시아 문화		5	헬레니즘 문화
2주 고대 인도와 중국	1	인도 문명	**4주** 고대 로마	1	로마 공화정의 성립과 발전
	2	불교의 등장과 전파		2	포에니 전쟁과 공화정의 쇠퇴
	3	중국 문명		3	로마의 혼란과 카이사르
	4	춘추 전국 시대와 진나라		4	아우구스투스와 제정의 시작
	5	한나라의 성립과 발전		5	로마 문화와 크리스트교
교과서 속 세계 인물			교과서 속 세계 인물		

한 번에 끝내자! 오늘 학습은 오늘 끝내는 성취감을 느낄 수 있습니다.

어휘와 독해를 하루에 하나씩! 1주 6일, 4주 한 권 완성으로 학습 성취감을 높입니다. 부담 없이 학습할 수 있도록 쉽고 간결하게 구성하였으며, 날마다 학습한 날짜를 기록하면서 아이 스스로 꾸준히 학습할 수 있도록 하였습니다.

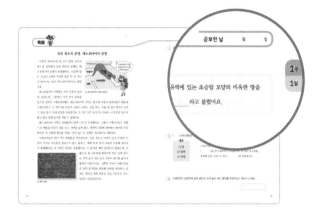

친근한 빵 친구들이 어휘와 독해 학습의 재미를 높여 줍니다.

또띠

똑소리 나는 토르티야. 아는 것이 많고 생각도 많다. 모르는 게 있으면 빨리 알아봐야 직성이 풀리는 성격. 그래서 머리에 항상 돋보기, 스마트폰 등을 넣고 다닌다.

빵이

푸근한 식빵. 웃음이 많다. 감정이 풍부하여 잘 웃고, 부끄러움을 잘 탄다. 새로운 사실을 알았을 때는 얼굴이 부풀었다 쭈그러들었다를 반복한다.

핫또야

장난꾸러기 핫도그. 심심한 걸 견디지 못해 케첩 같은 소스를 뿌려 대며 말썽을 일으키기도 하지만 악의는 없다.

롱이

수다쟁이 마카롱. 무조건 아는 척을 잘하며 모든 일을 참견하고 싶어 이곳저곳을 기웃거린다.

소라

수줍음이 많은 소라빵. 호기심도 많다. 무엇인가 골똘히 생각할 때는 커다란 모자에 몸을 숨기기도 하고, 놀라면 모자가 들썩이는 등 과한 리액션이 매력이다.

꽈리

투덜이 꽈배기. 무슨 일이든지 일단 투덜거리고 본다. 싫을수록 몸이 더 배배 꼬이고, 몸에 묻은 설탕을 털면서 온몸으로 거부한다.

이 책의 구성과 활용 방법

어휘 독해를 하기 전에 독해 지문에 나오는 어휘의 뜻을 익힙니다.

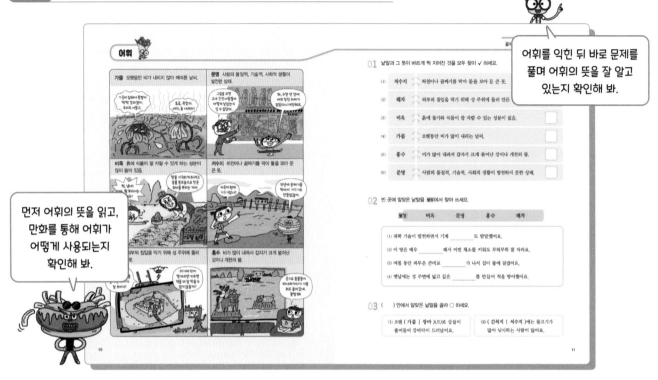

어휘를 익힌 뒤 바로 문제를 풀며 어휘의 뜻을 잘 알고 있는지 확인해 봐.

먼저 어휘의 뜻을 읽고, 만화를 통해 어휘가 어떻게 사용되는지 확인해 봐.

독해 중등 역사 교과서에 나오는 학습 주제를 담은 지문을 읽고 독해력을 기릅니다.

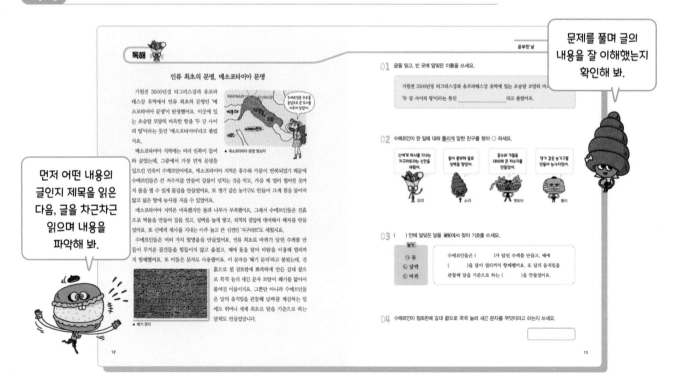

문제를 풀며 글의 내용을 잘 이해했는지 확인해 봐.

먼저 어떤 내용의 글인지 제목을 읽은 다음, 글을 차근차근 읽으며 내용을 파악해 봐.

복습 한 주 동안 배운 내용을 낱말 퍼즐, 사다리 타기, 미로 등의 다양한 활동을 통해 복습합니다.

전체 학습 분량 중
완료한 학습량

학습한 어휘 수

학습한 지문 수

헷갈리거나 모르는 것이
있으면 앞으로 돌아가
내용을 확인한 뒤 문제를
풀어 봐.

왼쪽 면은 어휘를,
오른쪽 면은 독해 내용을
확인하는 활동으로
구성되어 있어.

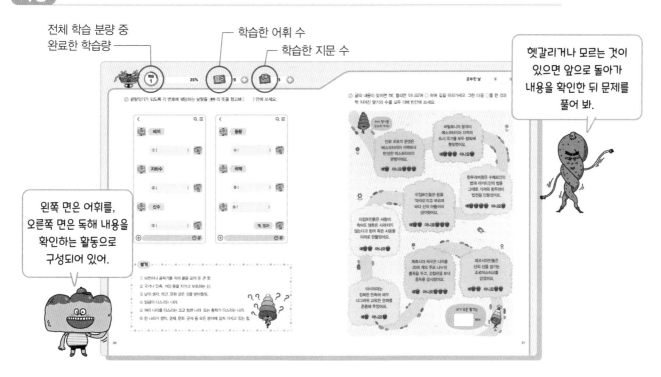

교과서 속 세계 인물 중등 역사 교과서에 나오는 인물들의 이야기를 읽어 봅니다.

학습 주제와 관련된
인물 이야기를
읽으며 내용을
파악해 봐.

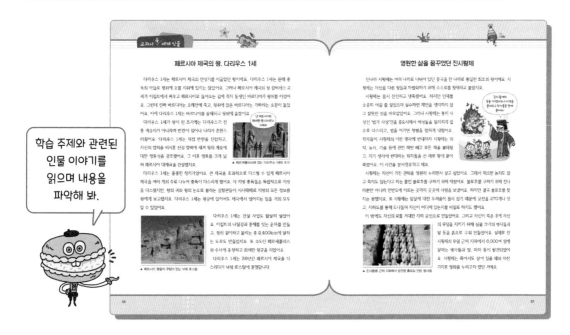

해답 어휘, 독해, 복습 문제의 해답을 확인합니다.

찾아보기 헷갈리거나 모르는 어휘를 찾아봅니다.

차례

1주 고대 서아시아와 이집트

1일

어휘 | 가뭄, 문명, 비옥, 저수지, 해자, 홍수
독해 | 인류 최초의 문명, 메소포타미아 문명

2일

어휘 | 국력, 도시 국가, 법전, 왕국, 전통, 정복
독해 | 바빌로니아 왕국과 함무라비왕

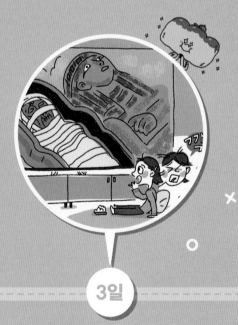

3일

어휘 | 미라, 부족 국가, 상형 문자, 수호신, 영혼, 파피루스
독해 | 나일강 유역의 이집트 문명

5일

어휘 | 국교, 독특, 수용, 숭배, 융합
독해 | 국제적이고 화려한 페르시아 문화

4일

어휘 | 감찰관, 서아시아, 전차, 제국, 철제, 총독
독해 | 서아시아를 통일한 페르시아 제국

6일

복습

어휘

가뭄 오랫동안 비가 내리지 않아 메마른 날씨.

> 가뭄이 심해서 꽃밭이 쩍쩍 갈라졌어. 우리도 시들고.

> 흑흑, 목말라. 비야, 좀 내려라!

문명 사람의 물질적, 기술적, 사회적 생활이 발전한 상태.

> 그림을 보면 고대 문명 사람들이 어떻게 살았는지 알 수 있단다.

> 와, 수천 년 전에 바퀴 달린 수레가 있었다니 대단해요.

비옥 흙에 식물이 잘 자랄 수 있게 하는 성분이 많이 들어 있음.

> 헉, 냄새! 아빠, 뭘 뿌리시는 거예요?

> 땅을 비옥하게 하려고 동물 똥오줌으로 만든 퇴비를 뿌리는 거야.

개똥 퇴비

저수지 하천이나 골짜기를 막아 물을 모아 둔 큰 못.

> 이곳이 원래 저수지였나?

> 작년에 골짜기를 막아서 저수지로 만들었잖아.

해자 외부의 침입을 막기 위해 성 주위에 둘러 만든 연못.

> 드론으로 보니까 성 주위를 둘러싼 해자가 잘 보이지?

> 해자에 악어 몇 마리만 키우면 적을 더 잘 막을 수 있지 않을까?

홍수 비가 많이 내려서 갑자기 크게 불어난 강이나 개천의 물.

> 홍수로 동물들이 떠내려가다가 지붕 위로 올라갔네. 불쌍해!

01 낱말과 그 뜻이 바르게 짝 지어진 것을 모두 찾아 ✔ 하세요.

(1) **저수지** 　 하천이나 골짜기를 막아 물을 모아 둔 큰 못. 　 ☐

(2) **해자** 　 외부의 침입을 막기 위해 성 주위에 둘러 만든 연못. 　 ☐

(3) **비옥** 　 흙에 물기와 식물이 잘 자랄 수 있는 성분이 없음. 　 ☐

(4) **가뭄** 　 오랫동안 비가 많이 내리는 날씨. 　 ☐

(5) **홍수** 　 비가 많이 내려서 갑자기 크게 불어난 강이나 개천의 물. 　 ☐

(6) **문명** 　 사람의 물질적, 기술적, 사회적 생활이 발전하지 못한 상태. 　 ☐

02 빈 곳에 알맞은 낱말을 보기 에서 찾아 쓰세요.

보기	비옥	문명	홍수	해자

(1) 과학 기술이 발전하면서 기계 _____ 도 발달했어요.

(2) 이 땅은 매우 _____ 해서 어떤 채소를 키워도 무럭무럭 잘 자라요.

(3) 며칠 동안 퍼부은 큰비로 _____ 가 나서 집이 물에 잠겼어요.

(4) 옛날에는 성 주변에 넓고 깊은 _____ 를 만들어 적을 방어했어요.

03 ( ) 안에서 알맞은 낱말을 골라 ○ 하세요.

(1) 오랜 (가뭄 | 장마)(으)로 강물이 줄어들어 강바닥이 드러났어요.

(2) (간척지 | 저수지)에는 물고기가 많아 낚시하는 사람이 많아요.

인류 최초의 문명, 메소포타미아 문명

기원전 3500년경 티그리스강과 유프라테스강 유역에서 인류 최초의 문명인 '메소포타미아 문명'이 탄생했어요. 이곳에 있는 초승달 모양의 비옥한 땅을 '두 강 사이의 땅'이라는 뜻인 '메소포타미아'라고 불렀지요.

메소포타미아 지역에는 여러 민족이 들어와 살았는데, 그중에서 가장 먼저 문명을

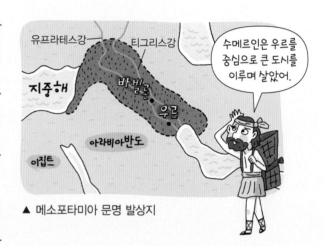

▲ 메소포타미아 문명 발상지

일으킨 민족이 수메르인이에요. 메소포타미아 지역은 홍수와 가뭄이 반복되었기 때문에 수메르인들은 큰 저수지를 만들어 강물이 넘치는 것을 막고, 가뭄 때 멀리 떨어진 곳까지 물을 댈 수 있게 물길을 만들었어요. 또 쟁기 같은 농기구도 만들어 크게 힘을 들이지 않고 넓은 땅에 농사를 지을 수 있었어요.

메소포타미아 지역은 비옥했지만 돌과 나무가 부족했어요. 그래서 수메르인들은 진흙으로 벽돌을 만들어 집을 짓고, 성벽을 높게 쌓고, 외적의 침입에 대비해서 해자를 만들었어요. 또 신에게 제사를 지내는 아주 높고 큰 신전인 '지구라트'도 세웠지요.

수메르인들은 여러 가지 발명품을 만들었어요. 인류 최초로 바퀴가 달린 수레를 만들어 무거운 물건들을 힘들이지 않고 옮겼고, 배에 돛을 달아 바람을 이용해 멀리까지 항해했어요. 또 이들은 문자도 사용했어요. 이 문자를 '쐐기 문자'라고 불렀는데, 진흙으로 된 점토판에 뾰족하게 만든 갈대 끝으로 꾹꾹 눌러 새긴 문자 모양이 쐐기를 닮아서 붙여진 이름이지요. 그뿐만 아니라 수메르인들은 달의 움직임을 관찰해 날짜를 계산하는 일에도 뛰어나 세계 최초로 달을 기준으로 하는 달력도 만들었답니다.

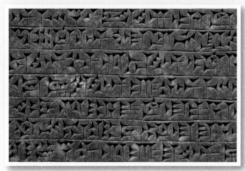

▲ 쐐기 문자

01 글을 읽고, 빈 곳에 알맞은 이름을 쓰세요.

> 기원전 3500년경 티그리스강과 유프라테스강 유역에 있는 초승달 모양의 비옥한 땅을
> '두 강 사이의 땅'이라는 뜻인 _____ 라고 불렀어요.

02 수메르인이 한 일에 대해 <u>틀리게</u> 말한 친구를 찾아 ○ 하세요.

신에게 제사를 지내는
지구라트라는 신전을
세웠어.

또띠

돌이 풍부해 돌로
성벽을 쌓았어.

소라

홍수와 가뭄을
대비해 큰 저수지를
만들었어.

핫또야

쟁기 같은 농기구를
만들어 농사지었어.

롱이

03 ( ) 안에 알맞은 말을 보기 에서 찾아 기호를 쓰세요.

보기
㉠ 돛
㉡ 달력
㉢ 바퀴

> 수메르인들은 (　　　)가 달린 수레를 만들고, 배에
> (　　　)을 달아 멀리까지 항해했어요. 또 달의 움직임을
> 관찰해 달을 기준으로 하는 (　　　)을 만들었어요.

04 수메르인이 점토판에 갈대 끝으로 꾹꾹 눌러 새긴 문자를 무엇이라고 하는지 쓰세요.

국력 한 나라가 정치, 경제, 문화, 군사 등 모든 분야에 걸쳐 가지고 있는 힘.

충성!

우리 삼촌이야.

멋지다. 국방을 위해 일하는 군인이 있어야 국력이 튼튼해지지.

도시 국가 고대와 중세에 도시 그 자체가 정치적으로 독립하여 국가를 이루던 공동체.

고대 아레네와 로마는 도시 국가야. 지금의 국가들과 달리 도시 자체가 하나의 국가인 거야.

법전 나라에서 정한 모든 법을 한데 모아 체계적으로 정리하여 엮은 책.

법전을 읽었더니 눈이 핑핑 돌아. 어려워!

우리가 지켜야 할 모든 법이 적혀 있는 법전인데 당연히 어렵지.

왕국 임금이 다스리는 나라.

왕국을 잘 다스려서 백성들이 편히 살 수 있게 해야지.

왕이시여, 훌륭하십니다!

전통 한 집단에 옛날부터 전하여 내려오는 것.

설날이니 떡국 먹자.

우리나라는 예로부터 설날에 세배하고 떡국을 먹는 전통이 있어.

떡국, 맛있겠다!

정복 군대를 일으켜 남의 나라나 민족을 무찌르고 지배함.

나폴레옹은 유럽 대부분의 나라를 정복해 지배했어.

01 낱말의 뜻을 보기 에서 찾아 기호를 쓰세요.

보기

㉠ 나라에서 정한 모든 법을 한데 모아 체계적으로 정리하여 엮은 책.

㉡ 한 나라가 정치, 경제, 문화, 군사 등 모든 분야에 걸쳐 가지고 있는 힘.

㉢ 군대를 일으켜 남의 나라나 민족을 무찌르고 지배함.

㉣ 한 집단에 옛날부터 전하여 내려오는 것.

㉤ 고대와 중세에 도시 그 자체가 정치적으로 독립하여 국가를 이루던 공동체.

㉥ 임금이 다스리는 나라.

(1) 국력 (   )   (2) 정복 (   )   (3) 왕국 (   )

(4) 법전 (   )   (5) 전통 (   )   (6) 도시 국가 (   )

02 밑줄 친 낱말이 바르게 쓰인 것을 모두 찾아 ✓ 하세요.

(1) 왕이 죽은 후 왕자들의 싸움으로 그 **왕국**은 둘로 나누어졌어요.　☐

(2) 검사, 변호사, 판사가 되려면 **법전** 내용을 잘 알고 있어야 해요.　☐

(3) 우리나라와 중국, 일본은 **도시 국가**예요.　☐

03 ☐ 안에서 알맞은 낱말을 골라 ○ 하세요.

(1) 우리나라는 경제가 발전하면서 예전보다 | 국력 | 국적 | 이 강해졌어요.

(2) 강한 힘을 가진 지배자는 주변 도시를 | 정박 | 정복 | 해 세력을 넓혔어요.

(3) 된장국과 김치는 내가 가장 좋아하는 | 가공 | 전통 | 음식이에요.

바빌로니아 왕국과 함무라비왕

기원전 2300년경 메소포타미아 지역에서는 도시 국가들 사이에 전쟁이 끊이질 않았어요. 그중에 강력한 세력을 가진 아카드인이 도시 국가들을 정복해 최초로 메소포타미아 지역을 통일했어요. 하지만 아카드 왕국도 다른 민족의 침입을 받아 멸망했지요.

이후 아무르인이 수메르의 발달된 문명과 아카드의 전통을 받아들이며 힘을 키워 바빌로니아 왕국을 세웠어요. 바빌로니아 왕국의 함무라비왕은 메소포타미아 지역에 있던 도시 국가들을 모두 정복해 통일했지요.

함무라비왕은 넓어진 나라를 잘 다스리기 위해 수메르인의 법과 아카드인의 법을 정리하고 수정해서 새로운 법을 만들었어요. 이것을 '함무라비 법전'이라고 해요. 함무라비왕은 법전의 내용을 커다란 돌기둥에 쐐기 문자로 새기게 했어요.

함무라비 법전은 "눈에는 눈 이에는 이"라는 원칙을 적용했어요. 이는 죄를 지으면 저지른 죄와 똑같은 벌을 받는 원칙이지요. 하지만 법 조항을 보면 죄를 저지른 사람과 피해를 받은 사람의 신분이 같은 경우에만 이 원칙이 적용되었고, 신분이 다른 경우에는 그러지 않았어요. 예를 들어 한 귀족이 다른 귀족의 눈을 다치게 하면 그 귀족은 자신의 눈도 다치는 벌을 받았어요. 하지만 귀족이 평민의 눈을 다치게 하면 은화를, 노예의 눈을 다치게 하면 노예 가격의 반을 지불하는 벌을 받았지요.

메소포타미아 지역에서 번영을 누리던 바빌로니아 왕국은 함무라비왕이 죽자 빠르게 국력이 약해졌어요. 결국 기원전 1500년경 철로 만든 무기를 가진 히타이트인의 침략을 받아 멸망했답니다.

함무라비왕 　 태양신

> 함무라비 법전의 윗부분에는 함무라비왕이 태양신으로부터 반지와 지휘봉을 받는 모습이 새겨져 있어. 그리고 아랫부분에는 법 조항이 쐐기 문자로 새겨져 있어.

▲ 함무라비 법전

01 빈칸에 알맞은 말이 차례대로 묶인 것을 고르세요. (   )

" 메소포타미아의 아무르인은 [   ]의 발달된 문명과 [   ]의 전통을 받아들이며
힘을 키워 [   ] 왕국을 세웠어요. "

① 아카드 – 바빌로니아 – 수메르
② 수메르 – 바빌로니아 – 아카드
③ 수메르 – 아카드 – 바빌로니아
④ 바빌로니아 – 아카드 – 수메르

02 함무라비왕이 수메르인의 법과 아카드인의 법을 정리하고 수정해서 만든 법전을 무엇이라고
하는지 쓰세요.

03 함무라비왕이 만든 법전에 대한 설명으로 틀린 것을 고르세요. (   )

① 넓어진 나라를 잘 다스리기 위해 만든 법이에요.

② 같은 죄를 지어도 피해를 받은 사람의 신분에 따라 처벌 내용이 달랐어요.

③ 죄를 저지른 사람과 피해를 받은 사람의 신분이 같은 경우, "눈에는 눈 이에는 이"라는
원칙을 적용했어요.

④ 법전의 내용을 커다란 금속판에 쐐기 문자로 새겼어요.

04 바빌로니아 왕국에 대한 설명이 맞으면 ◯, 틀리면 ✕ 하세요.

(1) 수메르인과 아카드인이 세운 나라예요.   (   )

(2) 메소포타미아 지역에 있던 도시 국가들을 모두 정복해 통일했어요.   (   )

(3) 함무라비왕이 죽자 빠르게 국력이 약해졌어요.   (   )

(4) 청동기로 만든 무기를 가진 히타이트인의 침략을 받아 멸망했어요.   (   )

미라 인간이나 동물의 사체가 썩지 않고 말라 원래 상태에 가깝게 남아 있는 것.

부족 국가 원시 사회에서 부족을 중심으로 형성된 국가.

상형 문자 사물의 생김새를 본떠서 만든 글자.

수호신 국가나 민족, 개인 등을 지키고 보호하는 신.

영혼 죽은 사람의 몸에서 빠져나온 넋.

파피루스 이집트에서 파피루스라는 풀의 줄기를 짓이겨 만든 종이.

01 (   ) 안에서 낱말을 골라 ○ 하세요.

(1) **부족 국가**   원시 사회에서 (귀족 | 부족)을 중심으로 형성된 국가.

(2) **파피루스**   이집트에서 파피루스라는 풀의 (줄기 | 뿌리)를 짓이겨 만든 종이.

(3) **상형 문자**   사물의 (짜임새 | 생김새)를 본떠서 만든 글자.

02 뜻에 알맞은 낱말이 되도록 글자를 모두 찾아 ○ 하세요.

(1) 인간이나 동물의 사체가 썩지 않고
말라 원래 상태에 가깝게 남아 있는 것.   미 소 보 라 래

(2) 국가나 민족, 개인 등을 지키고
보호하는 신.   고 수 건 호 신

(3) 죽은 사람의 몸에서 빠져나온 넋.   반 수 영 상 혼

03 빈 곳에 알맞은 낱말을 보기에서 찾아 쓰세요.

| 보기 | 수호신 | 상형 문자 | 영혼 | 파피루스 | 부족 국가 | 미라 |

(1) _____는 이집트 사람들이 만든 세계 최초의 종이예요.

(2) 여러 부족이 강한 부족을 중심으로 힘을 합쳐 _____를 이루었어요.

(3) 이집트에서는 죽은 왕의 시체가 썩지 않도록 _____로 만들었어요.

(4) 사람들은 커다란 나무를 마을을 지키는 _____이라고 생각했어요.

(5) 이집트의 유적지에 가면 사물의 모양을 본떠 만든 _____를 볼 수 있어요.

(6) 불교에는 죽은 사람의 _____을 위로하는 의식이 있어요.

나일강 유역의 이집트 문명

수메르인이 메소포타미아에 정착해 살아갈 무렵, 아프리카 이집트의 나일강 유역에서도 이집트 문명이 생겨났어요.

나일강 유역은 매년 큰비로 강물이 넘치면서 비옥한 흙이 쌓여 농사짓기에 좋았어요. 하지만 땅이 한동안 강물에 잠겨 있었지요. 그래서 이집트인들은 별의 움직임을 관찰해 나일강이 언제 넘칠지를 예측하고 대비했어요. 나아가 1년이 365일이라는 태양력도 알아냈지요. 또 강물이 빠진 후 농사지을 땅을 다시 나누면서 자연스럽게 측량 기술이 발달했고, 수학도 발달해서 10진법을 사용했어요.

이집트인들은 '상형 문자'를 만들어 사용했어요. 상형 문자로 왕의 업적이나 신들을 찬양하는 내용을 신전이나 파피루스에 기록했지요. '파피루스'는 파피루스 줄기로 만든 종이예요.

이집트인들은 '파라오'라고 불리는 이집트의 왕을 태양신인 '라'의 아들이라고 생각했어요. 그래서 파라오는 나라도 다스리고, 종교도 맡으며 강력한 권력을 휘둘렀지요.

이집트인들은 사람이 죽어도 영혼은 사라지지 않는다고 믿었어요. 그래서 죽은 사람이 다시 살아나려면 사람의 몸이 있어야 한다고 생각해 죽은 사람을 미라로 만들었지요. 그리고 미라와 함께, 사람이 죽은 뒤에 가는 세계에 대한 안내서인 「사자의 서」를 관 속에 넣었어요. 이집트인들은 파라오의 미라를 보존하기 위해 무덤을 커다란 피라미드로 만들고, 그 앞에 피라미드를 지키는 수호신인 스핑크스를 세웠어요.

이집트는 사막과 바다로 둘러싸여 있어 외부 침입이 적어 오랫동안 통일을 유지할 수 있었어요. 그러나 기원전 2200년경 파라오의 힘이 약해져 부족 국가가 들고일어나면서 이집트는 200여 년 동안 혼란을 겪었답니다.

01 이집트에 대한 설명이 맞으면 '예', 틀리면 '아니요'에 ○ 하세요.

(1) 1년이 365일이라는 것을 알아냈어요.   예   아니요

(2) 강물이 빠진 후 농사지을 땅을 나누면서 측량 기술이 발달했어요.   예   아니요

(3) 수학이 발달해서 60진법을 사용했어요.   예   아니요

02 이집트인들이 왕의 업적이나 신들을 찬양하는 내용을 기록할 때 사용한 문자를 무엇이라고 하는지 쓰세요.

03 기호에 알맞은 말이 바르게 짝 지어진 것을 고르세요. (   )

> 이집트인들은 왕을 (㉠)라고 부르고, 왕을 태양신인 (㉡)의 아들이라고 생각했어요. 또 사람은 죽어도 영혼은 사라지지 않는다고 생각했기 때문에 죽은 사람을 (㉢)로 만들었어요.

	㉠	㉡	㉢		㉠	㉡	㉢
①	미라	라	파라오	②	파라오	라	미라
③	파라오	미라	라	④	미라	파라오	라

04 무엇에 대한 설명인지 알맞은 말을 찾아 선으로 이으세요.

(1) 파라오의 무덤이에요.   •   • ㉠ 스핑크스

(2) 사람이 죽은 뒤에 가는 세계에 대한 안내서예요.   •   • ㉡ 피라미드

(3) 파라오의 무덤을 지키는 수호신이에요.   •   • ㉢ 「사자의 서」

감찰관 관리나 공무원을 감독하여 살피는 직책을 맡은 관리.

서아시아 아시아의 서남부 지역.

전차 전쟁할 때 쓰는 수레.

제국 여러 나라를 다스리는 크고 힘센 나라. 또는 황제가 다스리는 나라.

철제 쇠로 만듦. 또는 그런 물건.

총독 정해진 구역을 맡아 다스리는 관리.

01 빈 곳에 알맞은 낱말을 보기 에서 찾아 쓰세요.

보기	제국	수레	구역	아시아	감찰관	쇠

(1) 전차: 전쟁할 때 쓰는 _____.

(2) 서아시아: _____의 서남부 지역.

(3) _____: 관리나 공무원을 감독하여 살피는 직책을 맡은 관리.

(4) 철제: _____로 만듦. 또는 그런 물건.

(5) _____: 여러 나라를 다스리는 크고 힘센 나라. 또는 황제가 다스리는 나라.

(6) 총독: 정해진 _____을 맡아 다스리는 관리.

02 밑줄 친 낱말을 바르게 사용한 친구를 모두 찾아 ○ 하세요.

터키는 서아시아에 있는 나라야.

소라

감찰관은 관리를 철저히 감시했어.

빵이

해군은 전차를 타고 바다로 나갔어.

꽈리

03 빈칸에 알맞은 낱말을 찾아 선으로 이으세요.

(1) 바람이 불자 [　]로 만든 문이 철그렁 소리를 냈어요.　　　　•

• ㉠ 총독

(2) 그 나라는 여러 나라를 정복해 큰 [　]이 되었어요.　　　　•

• ㉡ 제국

(3) [　]은 막강한 힘을 가지고 자신이 맡은 지역을 다스렸어요.　　　　•

• ㉢ 철제

서아시아를 통일한 페르시아 제국

메소포타미아 티그리스강 상류에 아시리아라는 도시 국가가 있었어요. 아시리아는 우수한 철제 무기와 전차, 말을 타고 싸우는 기마병을 앞세워 서아시아 지역을 통일했어요. 하지만 아시리아는 정복한 지역의 사람들을 강압적으로 통치하는 바람에 곳곳에서 반란이 일어나 얼마 지나지 않아 멸망했어요.

아시리아가 멸망한 후 기원전 6세기경 페르시아의 키루스 2세가 서아시아 지역을 다시 통일했어요. 키루스 2세는 아시리아와는 다르게 정복한 민족의 종교와 문화를 존중해 주었지요. 이후 페르시아는 다리우스 1세 때 이집트와 그리스 일부 지역, 인더스강 유역까지 차지해 대제국을 건설하며 전성기를 누렸어요.

다리우스 1세는 넓어진 제국을 잘 다스리기 위해 나라 전체를 20여 개의 주로 나누고 총독을 보냈어요. 그러나 한편으로는 '왕의 눈', '왕의 귀'라고 불리는 감찰관을 보내 총독을 감시하게 했지요. 또한 정복한 나라를 하나로 묶고 왕의 명령이 지방까지 빠르게 전달되도록 주요 도시를 연결하는 '왕의 길'이라는 도로를 만들었어요. 이 길을 상인들도 이용하면서 지역 간의 교류가 활발해졌고, 상업도 크게 발달했어요.

나, 다리우스 1세가 정복한 땅이야. 수사에서 사르디스까지 왕의 길을 만들었지.

페르시아는 키루스 2세의 포용 정책을 계속 이어 갔어요. 각 민족이 가지고 있는 고유한 종교와 풍습, 법, 언어 등을 인정하며 너그럽게 다스렸지요. 이런 방법으로 페르시아는 큰 반란 없이 200여 년 동안 번영을 누릴 수 있었어요.

하지만 지중해 지역을 놓고 그리스와 충돌이 벌어지면서 전쟁이 일어났고, 이 전쟁에서 패하는 바람에 국력이 급격히 약해졌어요. 결국 페르시아는 그리스의 알렉산드로스에게 정복되어 멸망했답니다.

1주
4일

01 아시리아에 대한 설명으로 <u>틀린</u> 것을 고르세요. (   )

① 우수한 철제 무기와 전차를 가지고 있었어요.

② 서아시아 지역을 통일했어요.

③ 정복한 지역의 사람들에게 매우 너그러웠어요.

④ 곳곳에서 반란이 일어나 멸망했어요.

02 페르시아에 대해 바르게 말한 아이를 모두 찾아 이름을 쓰세요. (,   )

- **은서** : 아시리아가 멸망한 후 키루스 2세가 서아시아 지역을 다시 통일했어.
- **민재** : 키루스 2세는 정복한 민족 사람들을 강압적으로 통치했어.
- **예은** : 키루스 2세 때 활발한 정복 활동으로 전성기를 누렸어.
- **승현** : 다리우스 1세 때 이집트에서 인더스강 유역까지 차지해 대제국을 건설했어.

03 다리우스 1세에 대한 글을 읽고, 알맞은 말에 ○ 하세요.

> 다리우스 1세는 나라를 20여 개의 주로 나누고 총독을 보낸 다음, '왕의 눈'과
> '(왕의 입 | 왕의 귀)'(이)라고 불리는 감찰관을 보내 총독을 감시했어요.
> 또 주요 도시를 연결하는 (왕의 길 | 왕의 뜻)이라는 도로를 만들었어요.

04 페르시아에 대해 <u>틀리게</u> 말한 친구를 찾아 ○ 하세요.

정복한 민족의 고유한 종교, 풍습, 언어 등을 인정해 주었어.
핫또야

지중해 지역을 놓고 그리스와 충돌해 전쟁이 일어났어.
롱이

그리스와의 전쟁에서 승리해 국력이 강해졌어.
또띠

그리스의 알렉산드로스에게 정복되어 멸망했어.
꽈리

국교 나라에서 법으로 정하여 모든 국민이 믿도록 하는 종교.

독특 다른 것과 비교하여 특별하게 다름.

수용 남의 생각, 의견, 문화 같은 것을 받아들임.

숭배 신이나 부처 등의 종교적 대상을 우러러 받듦.

융합 다른 종류의 것이 녹아서 서로 구별이 없게 하나로 합해짐.

01 뜻에 알맞은 낱말이 되도록 보기에서 글자를 모두 찾아 빈칸에 쓰세요.

보기	수	독	용	특

(1) 남의 생각, 의견, 문화 같은 것을 받아들임. ························· ☐☐

(2) 다른 것과 비교하여 특별하게 다름. ····························· ☐☐

02 낱말의 뜻을 찾아 선으로 이으세요.

(1) 융합 •

(2) 국교 •

(3) 숭배 •

• ㉠ 나라에서 법으로 정하여 모든 국민이 믿도록 하는 종교.

• ㉡ 신이나 부처 등의 종교적 대상을 우러러 받듦.

• ㉢ 다른 종류의 것이 녹아서 서로 구별이 없게 하나로 합해짐.

03 ( ) 안에서 알맞은 낱말을 골라 ○ 하세요.

(1) 옛날에는 해, 달 등 자연을 신으로 생각해 (숭배 | 수배)하기도 했어요.

(2) 그 배우는 다른 배우들과 다른 (독특 | 평범)한 연기로 대상을 받았어요.

(3) 왕은 정복한 나라의 문화를 (수용 | 거부)해 자신들의 문화로 발전시켰어요.

(4) 고구려, 백제, 신라는 모두 불교를 (외교 | 국교)로 정했어요.

(5) 뮤지컬은 음악, 노래, 무용을 (융합 | 융통)한 것이라고 할 수 있어요.

국제적이고 화려한 페르시아 문화

여러 나라를 정복하여 대제국을 이룬 페르시아는 여러 민족의 문화를 수용해서 국제적이고 독특한 문화로 발전시켰어요.

다리우스 1세가 건설한 페르세폴리스 궁전은 아시리아, 이집트, 그리스 등의 문화가 융합된 건축 양식을 가지고 있어요. 이 궁전의 거대한 정문 앞에 세워진, 인간의 얼굴을 하고 날개가 달린 황소 조각은 아시리아 양식이고, 돌기둥은 그리스와 이집트 양식이고, 완만한 경사지에 계단식으로 지은 건물은 바빌로니아 양식이에요.

▲ 황소를 덮치는 사자 조각

페르세폴리스 궁전에 아시리아 문화의 영향을 받아 새겨진 조각이야.

또 화려한 양탄자, 금은 공예품, 유리 공예품을 만드는 페르시아의 기술은 세계 최고 수준이었어요. 특히 은이나 유리로 그릇과 도자기를 만드는 기술은 비단길과 초원길을 통하여 유럽이나 아시아까지 전파되었어요. 실제로 우리나라 삼국 시대의 신라 고분에서 페르시아의 것과 비슷한 모양의 유리병과 유리잔이 발견되었지요.

페르시아인들은 선의 신인 아후라 마즈다를 유일한 신으로 숭배하는 조로아스터교를 믿었어요. 3세기경에 페르시아는 조로아스터교를 국교로 삼았지요. 조로아스터교는 세상을 선과 악의 대결이 벌어지는 곳으로 보았고, 죽은 후의 세계가 있다고 했어요. 그래서 페르시아인들은 아후라 마즈다를 숭배하며 착하게 살면 최후의 심판 때 천국에 갈 수 있다고 믿었어요. 조로아스터교의 종교 의식 때는 아후라 마즈다의 상징인 불을 피워 놓고 불을 숭배했지요. 조로아스터교의 교리는 훗날 유대교, 크리스트교, 이슬람교에 영향을 주었답니다.

▲ 조로아스터교 사원 입구에 새겨진 아후라 마즈다

01 기호에 알맞은 나라 이름이 바르게 짝 지어진 것을 고르세요. (   )

> 페르세폴리스 궁전의 정문 앞에 세워진, 인간의 얼굴을 하고 날개가 달린
> 황소 조각은 (㉠) 양식이고, 돌기둥은 (㉡)와 이집트의 양식이며,
> 완만한 경사지에 계단식으로 지은 건물은 (㉢) 양식이에요.

	㉠	㉡	㉢		㉠	㉡	㉢
①	아시리아	그리스	바빌로니아	②	그리스	아시리아	바빌로니아
③	아시리아	바빌로니아	그리스	④	바빌로니아	그리스	아시리아

02 페르시아 문화에 대한 설명으로 맞는 것을 모두 찾아 ✔ 하세요.

(1) 여러 민족의 문화를 수용해 국제적이고 독특한 문화로 발전시켰어요. ☐

(2) 화려한 양탄자와 금은 공예품을 만드는 기술은 세계 최고 수준이었어요. ☐

(3) 유리로 그릇을 만드는 기술은 왕의 길을 통해 아시아에 전해졌어요. ☐

(4) 신라 고분에서 페르시아의 것과 비슷한 모양의 유리병이 발견되었어요. ☐

03 페르시아인들이 믿었던 종교이고, 3세기경에 페르시아의 국교가 된 종교의 이름을 쓰세요.

☐

04 조로아스터교에 대한 글을 읽고, 알맞은 말에 ○ 하세요.

> 페르시아인은 (선 | 악)의 신인 아후라 마즈다와 그의 상징인 (물 | 불)을 숭배하며
> 착하게 살면 (최후 | 최초)의 심판 때 (지옥 | 천국)에 갈 수 있다고 믿었어요.

↪ 끝말잇기가 되도록 각 번호에 해당하는 낱말을 보기 의 뜻을 참고해 ( ) 안에 쓰세요.

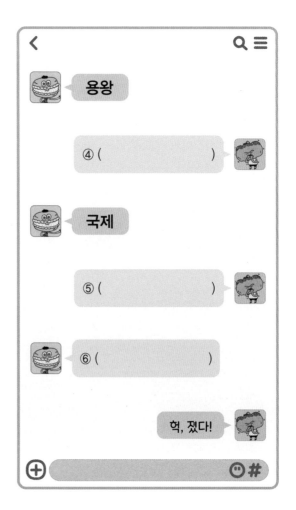

보기

① 하천이나 골짜기를 막아 물을 모아 둔 큰 못.

② 국가나 민족, 개인 등을 지키고 보호하는 신.

③ 남의 생각, 의견, 문화 같은 것을 받아들임.

④ 임금이 다스리는 나라.

⑤ 여러 나라를 다스리는 크고 힘센 나라. 또는 황제가 다스리는 나라.

⑥ 한 나라가 정치, 경제, 문화, 군사 등 모든 분야에 걸쳐 가지고 있는 힘.

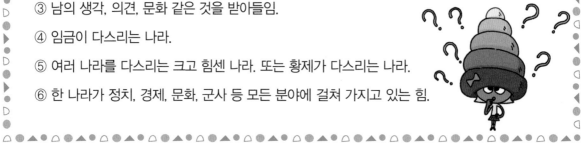

글의 내용이 맞으면 '예', 틀리면 '아니요'에 ○ 하며 길을 따라가세요. 그런 다음 ○를 한 것과
짝 지어진 딸기의 수를 모두 더해 빈칸에 쓰세요.

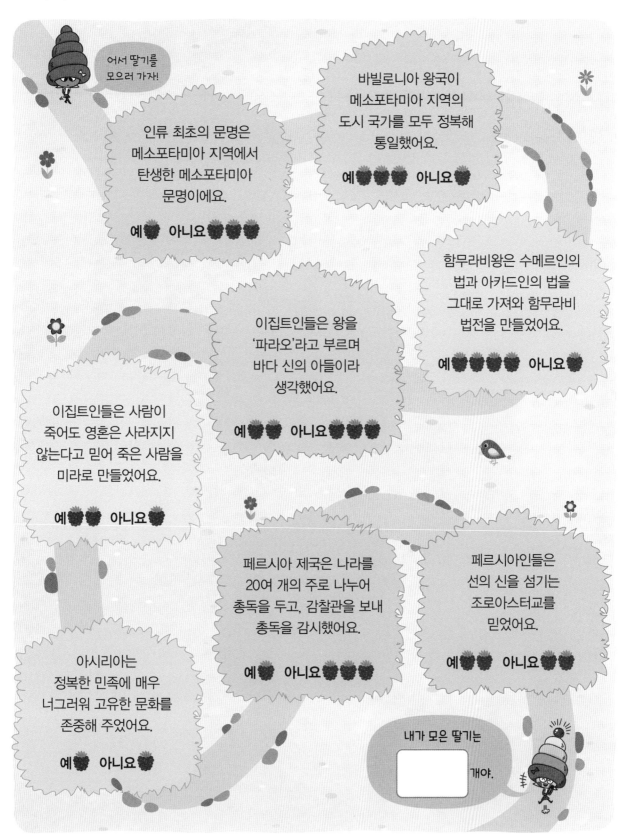

어서 딸기를 모으러 가자!

인류 최초의 문명은 메소포타미아 지역에서 탄생한 메소포타미아 문명이에요.

예　아니요

바빌로니아 왕국이 메소포타미아 지역의 도시 국가를 모두 정복해 통일했어요.

예　아니요

함무라비왕은 수메르인의 법과 아카드인의 법을 그대로 가져와 함무라비 법전을 만들었어요.

예　아니요

이집트인들은 왕을 '파라오'라고 부르며 바다 신의 아들이라 생각했어요.

예　아니요

이집트인들은 사람이 죽어도 영혼은 사라지지 않는다고 믿어 죽은 사람을 미라로 만들었어요.

예　아니요

페르시아 제국은 나라를 20여 개의 주로 나누어 총독을 두고, 감찰관을 보내 총독을 감시했어요.

예　아니요

페르시아인들은 선의 신을 섬기는 조로아스터교를 믿었어요.

예　아니요

아시리아는 정복한 민족에 매우 너그러워 고유한 문화를 존중해 주었어요.

예　아니요

내가 모은 딸기는

　　개야.

2주 고대 인도와 중국

1일

어휘 | 경전, 배수로, 요새, 유목, 인장, 찬양
독해 | 인더스강 유역에서 탄생한 인도 문명

2일

어휘 | 대우, 수행, 욕망, 제물, 해탈, 횡포
독해 | 불교의 탄생

3일

어휘 | 갑골, 거름, 인공적, 점괘, 제후, 토성
독해 | 황허강 유역에서 시작된 중국 문명

5일

어휘 | 공신, 교역, 서역, 이념, 재물, 통치
독해 | 중국의 뿌리를 만든 한나라

4일

어휘 | 관습, 도량형, 등용, 사상, 실시, 제후국
독해 | 춘추 전국 시대와 진나라의 중국 통일

6일

복습
교과서 속 세계 인물

경전 종교의 원리와 가르침을 적은 책.

배수로 안에 있던 물을 빼내 흘려 보내기 위해 만든 길이나 도랑.

요새 적이 침입하지 못하도록 튼튼하게 지은 군사 시설.

유목 소나 양과 같은 가축이 먹을 풀과 물을 찾아 옮겨 다니면서 삶.

인장 나무, 수정 등의 재료를 깎아 이름을 새겨 문서에 찍도록 만든 물건.

찬양 아름답고 훌륭함을 드러내어 크게 기리고 칭찬함.

01 초성을 참고하여 뜻에 알맞은 낱말을 빈칸에 쓰세요.

(1) ㄱ ㅈ : 종교의 원리와 가르침을 적은 책. ➡ ☐

(2) ㅇ ㅅ : 적이 침입하지 못하도록 튼튼하게 지은 군사 시설. ➡ ☐

(3) ㅊ ㅇ : 아름답고 훌륭함을 드러내어 크게 기리고 칭찬함. ➡ ☐

02 낱말의 뜻을 보기 에서 찾아 기호를 쓰세요.

보기

㉠ 안에 있던 물을 빼내 흘려 보내기 위해 만든 길이나 도랑.

㉡ 소나 양과 같은 가축이 먹을 풀과 물을 찾아 옮겨 다니면서 삶.

㉢ 나무, 수정 등의 재료를 깎아 이름을 새겨 문서에 찍도록 만든 물건.

(1) 인장 (   )   (2) 배수로 (   )   (3) 유목 (   )

03 빈 곳에 알맞은 낱말을 보기 에서 찾아 쓰세요.

| **보기** | 요새 | 배수로 | 유목 | 경전 | 인장 | 찬양 |

(1) 장마가 오기 전에 물이 잘 빠지도록 _____ 에 쌓인 쓰레기를 제거했어요.

(2) 나무를 깎아 만든 _____ 에는 한글로 이름이 새겨져 있었어요.

(3) 외국 사람들은 한글을 배우며 세종 대왕의 업적을 _____ 했어요.

(4) 우리 군사들이 적의 _____ 를 뚫고 들어가 함락했어요.

(5) 종교 대부분은 종교의 가르침이 적힌 _____ 이 있어요.

(6) _____ 민족은 소, 양, 염소 등을 기르며 이곳저곳 옮겨 다녀요.

인더스강 유역에서 탄생한 인도 문명

기원전 2500년경 인더스강 유역에서 하라파와 모헨조다로 등의 도시를 중심으로 인도 문명이 일어났어요.

하라파와 모헨조다로는 주택, 하수 시설 등을 갖춘 계획도시였어요. 모헨조다로에는 넓고 곧은 도로가 바둑판 모양으로 잘 정리되어 있고, 벽돌로 지은 집 안에는 우물과 화장실, 목욕탕이 있고, 배수로 시설도 있었어요. 또 거대한 탑이 있는 요새, 곡물 창고, 회의장 등도 있고, 도시 중앙에는 대형 목욕탕이 있었지요.

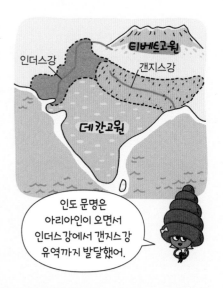

인도 문명은 아리아인이 오면서 인더스강에서 갠지스강 유역까지 발달했어.

인더스강 유역에서는 물건을 팔 때 사용했을 거라고 생각되는, 동물 모양과 문자가 함께 새겨진 인장이 많이 발견되었어요. 그런데 이 인장이 메소포타미아에서도 발견된 것으로 보아 두 지역이 바닷길을 통해 물건을 사고팔았음을 알 수 있어요.

이후 기원전 1500년경에 중앙아시아에서 유목 생활을 하던 아리아인이 인더스강 유역으로 침입해 들어왔어요. 아리아인들은 철제 농기구를 사용하여 농사를 짓고, 철제 무기로 원주민들을 정복하면서 동쪽의 갠지스강까지 진출했어요.

아리아인은 원주민들을 지배하기 위해 엄격한 신분제인 '카스트제'를 만들었어요. 가장 높은 신분은 신에게 제사를 지내는 사제인 '브라만', 그 아래는 정치와 군사를 담당하는 왕족과 전사인 '크샤트리아', 그 아래는 농사짓거나 장사하는 평민인 '바이샤'였고, 아리아인에게 정복당한 사람들과 노예인 '수드라'가 가장 아래 신분이었어요.

브라만(사제)

크샤트리아
(왕족·전사)

바이샤(평민)

수드라(하층민)

▲ 카스트제의 신분 구성

아리아인들은 태양, 물, 불 등과 같은 자연물을 신으로 모시는 '브라만교'를 믿었고, 신들을 찬양하는 노래와 기도문 등을 담은 『베다』를 경전으로 삼았어요. 브라만교는 카스트제를 굳건하게 하는 역할을 했답니다.

01 모헨조다로에 대한 설명으로 맞는 것을 모두 찾아 ✓ 하세요.

(1) 넓고 곧은 도로가 바둑판 모양으로 잘 정리되어 있었어요. ☐

(2) 집 안에는 화장실과 목욕탕이 없었어요. ☐

(3) 도시 중앙에 대형 목욕탕이 있었어요. ☐

(4) 집은 돌로 지었고, 배수로 시설은 갖추고 있지 않았어요. ☐

02 아리아인에 대한 설명으로 틀린 것을 고르세요. (   )

① 우수한 청동기 무기로 원주민들을 정복했어요.

② 인더스강 유역을 차지한 뒤 동쪽의 갠지스강까지 진출했어요.

③ 태양, 물, 불 등과 같은 자연물을 신으로 모시는 브라만교를 믿었어요.

④ 철제 농기구를 사용하여 농사를 지었어요.

03 카스트제의 어떤 신분에 해당되는지 신분 이름을 쓰세요.

(1) 신에게 제사를 지내는 사제 ──── ☐

(2) 정치와 군사를 담당하는 왕족과 전사 ──── ☐

(3) 농사짓거나 장사하는 평민 ──── ☐

(4) 아리아인에게 정복당한 사람들과 노예 ──── ☐

04 신들을 찬양하는 노래와 기도문 등을 담은, 브라만교의 경전을 무엇이라고 하는지 쓰세요.

『 ┌─────────────┐ 』

대우 지위나 신분에 알맞게 예의를 갖추어 대함.

저런 사람은 영웅 대우를 받아야 해.

저 사람이 지하철 선로에 떨어진 아이를 구했대.

수행 몸과 마음을 바르게 갈고닦음.

저 사람은 몸과 마음을 갈고닦으며 수행하는 중이래.

내가 한참 전부터 봤는데 저 사람 꼼짝도 안 해.

욕망 무엇을 가지려 하거나 원함. 또는 그런 마음.

시합이 다가오니 하루 종일 연습만 하네.

시합에서 이기고 싶은 욕망이 큰가 보네.

제물 제사를 지낼 때 바치는 물건이나 동물.

바다의 신이여, 저를 제물로 받으시고 사람들이 바다를 무사히 건너게 해 주소서.

흑흑, 심청이 불쌍해! 아버지 눈을 뜨게 하려고 뱃사람들의 제물이 되어 바다에 뛰어들다니.

해탈 불교에서, 도를 닦아 마음속의 화, 욕망, 유혹, 괴로움 등에서 벗어남.

모든 욕심과 유혹, 욕망을 버려라. 그러면 해탈에 이를 수 있을 것이다.

헉, 고기에 대한 유혹을 어떻게 뿌리치지?

횡포 제멋대로 굴며 매우 난폭한 것.

남의 가게에서 물건을 던지며 횡포를 부리면 어떡합니까?

횡포를 부리시면 안 됩니다. 경찰서에 갑시다.

01 뜻에 알맞은 낱말을 **보기** 에서 찾아 빈칸에 쓰세요.

보기	제물	수행	횡포	해탈	욕망	대우

(1) 제멋대로 굴며 매우 난폭한 것. ······················· ☐

(2) 무엇을 가지려 하거나 원함. 또는 그런 마음. ······· ☐

(3) 불교에서, 도를 닦아 마음속의 화, 욕망, 유혹, 괴로움 등에서 벗어남. ··· ☐

(4) 제사를 지낼 때 바치는 물건이나 동물. ··············· ☐

(5) 지위나 신분에 알맞게 예의를 갖추어 대함. ········· ☐

(6) 몸과 마음을 바르게 갈고닦음. ························· ☐

02 빈칸에 알맞은 글자를 모두 찾아 ○ 하세요.

(1) 나는 먹고 싶은 ☐☐을 참지 못하고 밤늦게 라면을 먹었어요.

욕	망	실	집

(2) 욕심과 유혹에서 벗어나 ☐☐을 이루기 위해 마음을 다스려야 해요.

해	시	연	탈

(3) 옛날에는 제사 때 마을에서 돼지를 잡아 ☐☐로 썼어요.

밥	제	자	물

03 ( ) 안에 알맞은 말을 **보기** 에서 찾아 기호를 쓰세요.

보기

㉠ 대우
㉡ 횡포
㉢ 수행

(1) 선생님은 제자들에게 극진한 ( )를 받았어요.

(2) 그 무술인은 오랫동안 ( )하며 몸과 마음을 단련했어요.

(3) 날이 갈수록 평민을 괴롭히는 귀족들의 ( )가 심해졌어요.

불교의 탄생

브라만교의 사제인 브라만은 카스트제에서 가장 높은 신분으로 최고 권력자 대우를 받으며 인도 사회를 지배했어요. 하지만 브라만이 제사에 사용할 제물을 사람들에게 지나치게 많이 요구하는 등 횡포가 날로 심해졌어요. 이에 전쟁하면서 세력을 키운 크샤트리아와 농업과 상업이 발달하면서 성장한 바이샤는 브라만에 대한 불만이 커졌어요. 결국 사람들은 브라만교에 실망하면서 다른 종교에 관심을 가지게 되었지요.

이때 등장한 종교가 불교예요. 인도의 한 작은 왕국에서 태어난 싯다르타라는 왕자는 병든 사람과 노인, 고통받는 사람들을 보고 인간이 고통에서 벗어나는 방법을 고민했어요. 그러다 왕궁에서 나와 고통스러운 수행을 시작했지요.

싯다르타는 보리수나무 아래에서 "신분의 차별은 옳지 않다. 누구나 욕망을 버리고 자비를 베풀면 고통에서 벗어나 해탈할 수 있다."라는 깨달음을 얻었어요. 이때부터 싯다르타는 '진리를 깨달은 자'라는 뜻의 '부처'라고 불렸어요. 그가 바로 석가모니 부처예요. 석가모니는 자비와 평등을 내세우며 불교를 창시했어요.

평등을 내세우는 불교는 불평등한 카스트제에 불만을 품었던 크샤트리아와 바이샤에게 환영받았어요. 불교는 많은 사람의 지지를 받아 널리 전파되었지요.

불교가 크게 발전한 것은 마우리아 왕조의 아소카왕 때였어요. 아소카왕은 남부를 제외한 인도 대부분을 통일했어요. 그런데 전쟁할 때 많은 사람이 죽고 다치는 것을 보고, 전쟁의 잔혹함을 깨닫고 부처의 가르침에 따라 나라를 다스렸어요. 아소카왕은 불교 경전을 정리하고 인도 곳곳에 불탑과 사원을 지으며 불교를 널리 퍼뜨렸답니다.

01 브라만교에 대한 글을 읽고, 알맞은 말에 ○ 하세요.

> 브라만교의 사제인 (브라만 | 수드라)이/가 제사에 사용할 제물을 많이 요구하는 등
> 횡포가 날로 심해지자, 전쟁하면서 세력을 키운 (바이샤 | 크샤트리아)와 농업과
> 상업이 발달하면서 성장한 (브라만 | 바이샤)은/는 브라만교에 실망했어요.

02 싯다르타에 대한 설명이 맞으면 ○, 틀리면 ✕ 하세요.

> (1) 인도의 한 작은 왕국에서 태어난 평민이에요.　　　　　　　　　　　(　　　)
>
> (2) 인간이 고통에서 벗어나는 방법을 고민하다 수행을 시작했어요.　　　(　　　)
>
> (3) 누구나 욕망을 버리고 자비를 베풀면 해탈할 수 있다는 깨달음을 얻었어요. (　　　)
>
> (4) 모든 사람은 계급이 있어야 질서가 유지된다고 주장했어요.　　　　　(　　　)

03 친구들이 설명하는 종교가 무엇인지 찾아 ○ 하세요.

석가모니가 자비와 평등을 내세우며 창시한 종교야.

불평등한 카스트제에 불만을 품었던 사람들에게 환영받았어.

브라만교

불교

04 물음에 알맞은 말을 쓰세요.

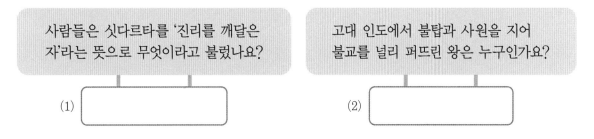

사람들은 싯다르타를 '진리를 깨달은 자'라는 뜻으로 무엇이라고 불렀나요?

고대 인도에서 불탑과 사원을 지어 불교를 널리 퍼뜨린 왕은 누구인가요?

(1) ☐

(2) ☐

갑골 거북의 등딱지와 짐승의 뼈를 통틀어 부르는 말.

이건 거북의 등딱지인데, 글자가 새겨져 있어.

고대 중국의 갑골 문자야. 점을 치고 그 결과를 갑골에 새겼어.

거름 식물이 잘 자라도록 땅에 뿌리거나 섞는 물질.

꽃이 잘 자라도록 화단에 거름을 주자.

무조건 거름을 많이 넣는다고 좋은 게 아니야.

인공적 사람의 힘으로 만든 것.

이 꽃들 어때? 인공적으로 만든 꽃인데 진짜 같지?

응, 진짜 꽃 같아. 꽃향기가 안 나는 것을 보니 인공적인 가짜 꽃이 맞네.

킁킁

점괘 점을 쳐서 나온 결과.

여기 산가지를 뽑았습니다. 점괘가 어떻게 나오나요?

점괘를 말해 주겠소. 집을 새로 꾸미지 말고, 욕심을 버리시오. 그래야 평안하게 살 수 있소.

제후 왕으로부터 일정한 영토를 받아 그 안에 사는 백성을 다스리던 사람.

내 형제와 친척 여러분을 제후로 임명하겠소. 제후들은 맡은 땅을 잘 다스리시오.

토성 흙으로 쌓아 올린 성.

옛날에는 흙으로 성을 쌓았대. 흙으로 만든 토성이 어떻게 무너지지 않을까?

토성은 흙을 층층이 다지면서 쌓아 올려서 튼튼해.

01 친구들의 물음에 알맞은 낱말을 **보기**에서 찾아 빈칸에 쓰세요.

보기

거름

갑골

제후

(1)

(2)

(3)

02 ( ) 안에서 알맞은 말을 골라 ○ 하세요.

(1) **토성**

(돌 │ 흙)(으)로
쌓아 올린 성.

(2) **인공적**

(사람 │ 자연)의
힘으로 만든 것.

(3) **점괘**

(점 │ 북)을 쳐서
나온 결과.

03 빈칸에 알맞은 낱말을 찾아 선으로 이으세요.

(1) 농부는 감자가 잘 자라도록 밭에
□을 주었어요.

(2) 할머니는 점을 보고 오셔서 □가
좋다며 웃으셨어요.

(3) 아이들은 □인 가짜 거미를 보고 놀라
소리를 질렀어요.

(4) 왕으로부터 영토를 받은 □는 왕에게
세금을 바쳐야 했어요.

(5) 신석기 시대에는 사냥해서 잡은 동물의
□을 이용해 장신구를 만들었어요.

(6) 백제 때 흙으로 쌓은 □이 서울에서
발견되었어요.

ㄱ 제후

ㄴ 거름

ㄷ 갑골

ㄹ 토성

ㅁ 점괘

ㅂ 인공적

황허강 유역에서 시작된 중국 문명

중국 문명은 황허강 유역에서 시작되었어요. 황허강 유역의 땅은 황토로 영양분이 많아 조와 수수 같은 곡식을 키우기 좋았어요. 그래서 사람들이 황허강 유역으로 모여들었고 수많은 마을이 생겨났지요. 사람들은 마을 주변에 토성을 쌓고, 그 안에 수천 명에서 수만 명이 모여 살았어요. 이런 마을들이 모여 상나라가 건국되었지요.

상나라는 농업 기술이 발달해 사람들이 거름을 주어 땅을 더 기름지게 만들고, 인공적으로 물을 끌어 들여 메마른 땅에 물을 주기도 했어요. 또 돌과 나무로 농기구를 만들고, 달력을 만들어 농사지을 때 이용했지요.

상나라는 왕이 정치와 제사를 모두 담당하며 신의 뜻에 따라 나라를 다스리는 '신정 정치'를 펼쳤어요. 왕은 나라의 중요한 일을 점을 쳐서 결정했지요. 동물의 뼈나 거북의 등딱지로 점을 친 다음, 점을 쳐서 나온 점괘를 갑골에 새겼는데 이때 새긴 문자를 '갑골 문자'라고 해요. 이 문자는 한자의 뿌리가 되었지요.

상나라는 기원전 1100년경 상나라의 서쪽에서 일어난 주나라에 의해 멸망했어요. 주나라의 무왕은 넓어진 영토를 효과적으로 다스리기 위해 수도 주변의 땅만 직접 다스리고, 나머지 땅은 왕족과 공을 세운 신하를 제후로 임명해 나누어 다스리게 했어요. 그 대신 제후는 왕에게 세금을 내고, 전쟁 때 군사를 보내 주어야 했지요. 이 제도를 '봉건제'라고 해요. 그러나 시간이 지남에 따라 왕실과 제후들 사이가 멀어지고, 지방 제후의 세력이 커지면서 봉건제도 흔들렸어요. 주나라는 북쪽 유목민의 침략을 받아 수도를 호경에서 낙읍으로 옮기면서 세력이 급속히 약해졌답니다.

▲ 상나라와 주나라의 세력 범위

01 중국 문명에 대한 설명으로 맞는 것을 모두 고르세요. (,   )

① 중국 문명은 황허강 유역에서 시작되었어요.

② 황허강 유역의 땅은 황토로 영양분이 많아 곡식을 키우기 좋았어요.

③ 황허강 유역 사람들은 벽돌을 만들어 벽돌로 성을 쌓았어요.

④ 황허강 유역에 있던 마을들이 모여 주나라가 건국되었어요.

02 상나라에 대한 글을 읽고, **보기** 에서 알맞은 말을 찾아 기호를 쓰세요.

> **보기**   ㉠ 갑골 문자   ㉡ 제사   ㉢ 한자   ㉣ 신정 정치

> (1) 상나라는 왕이 정치와 (   )를 모두 담당하며 신의 뜻에 따라 나라를 다스리는
> (   )를 펼쳤어요.
>
> (2) 동물 뼈나 거북의 등딱지로 점을 치고 점괘를 갑골에 새겼는데, 이 문자를
> (   )라고 해요. 이 문자는 (   )의 뿌리가 되었어요.

03 상나라와 주나라 중에서 어느 나라에 대한 설명인지 쓰세요.

> • 넓은 땅을 효과적으로 다스리기 위해 왕과 제후가 땅을 나누어 다스렸어요.
> • 북쪽 유목민의 침략으로 세력이 점점 약해졌어요.

> • 농업 기술이 발달해 땅에 거름을 주고, 메마른 땅에 물을 끌어 들였어요.
> • 왕은 나라의 중요한 일을 점을 쳐서 결정했어요.

(1) (   )   (2) (   )

04 주나라에 대한 글을 읽고, 알맞은 말에 ○ 하세요.

> "
> 수도 주변의 땅은 왕이 다스리고, 나머지 땅은 왕족과 공을 세운 신하를 제후로
> 임명해 다스리는 (봉건제 | 관료제)를 시행했어요. 제후는 왕에게
> (세금 | 제물)을 내고, 전쟁 때 (돈 | 군사)을/를 보내 주어야 했어요.
> "

관습 한 사회에서 오랫동안 지켜 내려오는 사회 규범이나 생활 방식.

도량형 길이, 부피, 무게 등의 단위를 재는 법.

등용 학식과 능력을 갖춘 사람을 뽑아 씀.

사상 깊은 생각을 통해 얻어진 특정한 의식이나 사고.

실시 어떤 일이나 법, 제도 등을 실제로 행함.

제후국 제후가 다스리는 나라.

01 낱말과 그 뜻이 바르게 짝 지어진 것을 모두 찾아 ✔ 하세요.

(1) 도량형 – 길이, 부피, 무게 등의 단위를 재는 법. ☐

(2) 제후국 – 왕이 다스리는 나라. ☐

(3) 실시 – 어떤 일이나 법, 제도 등을 실제로 행함. ☐

(4) 등용 – 가르쳐서 유능한 사람을 길러 냄. ☐

(5) 사상 – 깊은 생각을 통해 얻어진 특정한 의식이나 사고. ☐

(6) 관습 – 한 개인이 살아가면서 저절로 익힌 생활 방식. ☐

02 빈칸에 알맞은 낱말이 차례대로 묶인 것을 고르세요. (   )

     ❝

· 과거 제도는 학식과 능력이 뛰어난 인재를 ☐하기 위한 제도예요.

· 오늘 학교에서 소방 훈련을 ☐했어요.

· 우리나라는 설날에 새 옷으로 갈아입고 차례를 지내는 ☐이 있었어요.

     ❞

① 실시 – 등용 – 관습   ② 등용 – 실시 – 관습

③ 등용 – 관습 – 실시   ④ 관습 – 실시 – 등용

03 빈 곳에 알맞은 낱말을 보기 에서 찾아 쓰세요.

보기	도량형	사상	제후국

(1) 지역마다 무게, 길이, 부피를 재는 _____이 달라서 장사할 때 불편했어요.

(2) 제후가 다스리는 _____들은 각각 힘을 키웠어요.

(3) 묵자는 자신과 타인 모두를 사랑해야 한다는 _____을 가지고 있어요.

춘추 전국 시대와 진나라의 중국 통일

▲ 춘추 전국 시대

주나라의 힘이 약해지면서 각 지방의 제후국들은 그들만의 전통과 관습을 만들고, 영토를 넓히며 독립된 세력을 형성했어요. 이때를 '춘추 전국 시대'라고 해요.

춘추 전국 시대는 철제 농기구와 소를 이용한 농사법이 보급되면서 수확량이 크게 늘고 상공업도 활기를 띠었어요. 한편 철제 무기를 사용하면서 제후국들 사이의 전쟁이 치열해졌어요.

춘추 전국 시대에 제후국들은 경쟁에서 살아남기 위해 국적과 신분에 상관없이 유능한 인재를 등용했어요. 이때 현실 문제를 해결하기 위해 여러 사상가와 다양한 학파가 나타났는데, 이를 '제자백가'라고 해요.

춘추 전국 시대의 나라 중에서 가장 크게 세력을 키운 나라는 '진'이었어요. 진나라의 왕은 엄격한 법을 강조하는 법가 사상을 바탕으로 나라를 다스렸어요. 그리고 전쟁에서 조금이라도 공을 세운 군사에게 큰 상을 주는 방법으로 군대를 강하게 키워 주변 나라를 차례로 멸망시키고 최초로 중국을 통일했어요. 그 후로 진나라의 왕은 왕권을 강화하기 위해 스스로 '황제'라고 칭하고, 최초의 황제란 뜻으로 '시황제'라고 부르게 했지요.

시황제는 늘어난 영토와 백성을 다스리기 위해 전국을 군과 현으로 나누고 그곳에 관리를 보내 다스리는 '군현제'를 실시했어요. 또 지역마다 달랐던 화폐와 문자, 도량형 등을 통일했지요. 시황제는 북방 유목 민족인 흉노의 침입을 막기 위해 북쪽 국경에 '만리장성'을 쌓았고, 남쪽으로 베트남 북부까지 영토를 넓혔답니다.

▲ 오늘날의 만리장성

나, 시황제가 만리장성을 쌓았지만 너희가 보는 것은 대부분 명나라 때 쌓은 거란다.

01 춘추 전국 시대에 대한 설명이 맞으면 '예', 틀리면 '아니요'에 ○ 하세요.

(1) 청동기로 농기구를 만들고 말을 이용해 농사를 지었어요.   예 | 아니요

(2) 각 나라는 국적과 신분에 상관없이 유능한 인재를 등용했어요.   예 | 아니요

(3) 철제 무기를 사용해 치열한 전쟁을 벌였어요.   예 | 아니요

(4) 농업은 발달하였으나 상공업은 발달하지 못했어요.   예 | 아니요

02 글을 읽고, 빈 곳에 알맞은 말을 쓰세요.

> 춘추 전국 시대에 제후국들이 유능한 인재들을 등용하면서 현실 문제를 해결하기 위해
>
> 여러 사상가와 다양한 학파가 나타났어요. 이를 _____ 라고 해요.

03 진나라 시황제에 대한 설명으로 틀린 것을 고르세요. (   )

① 엄격한 법을 강조하는 법가 사상을 바탕으로 나라를 다스렸어요.

② 왕권을 강화하기 위해 스스로 황제라는 호칭을 사용했어요.

③ 지방 귀족에게 땅을 나눠 주는 봉건제를 실시했어요.

④ 지역마다 달랐던 화폐, 문자, 도량형을 통일했어요.

04 진나라 시황제가 북방 유목 민족인 흉노의 침입을 막기 위해 북쪽 국경에 쌓은 것을
무엇이라고 하는지 쓰세요.

공신 나라를 위하여 공을 세운 신하.

전쟁에서 이기고 돌아왔습니다.

그래, 나라에 큰 공을 세웠구나. 자네가 공신이로다!

교역 나라와 나라 사이에 물건을 서로 사고팖.

우리 로마와 교역을 하겠소? 우린 품질 좋은 유리그릇을 가지고 있소.

로마와 교역을 하고 싶소. 비단을 팔겠소.

서역 중국의 서쪽에 있던 여러 나라를 통틀어 이르는 말.

유럽

북아프리카

서아시아

지도에서 주황색으로 색칠된 지역에 있던 나라들이 서역이야. 이후에 유럽 지역까지 서역이라고 했대.

이념 한 국가나 사회, 개인이 가지고 있는 생각의 근본이 되는, 이상적으로 여겨지는 사상.

우리나라의 건국 이념은 홍익인간이래. 홍익인간이 뭐지?

홍익인간은 널리 인간을 이롭게 한다는 뜻이야.

재물 돈이나 값나가는 모든 물건.

값나가는 재물은 어떻게 보관하나요?

귀한 재물은 안전하게 금고에 넣어 놓지.

통치 나라나 지역을 맡아 다스림.

내가 통치하는 지역이 어디냐?

황제께서 다스리시는 지역은 여기입니다.

01 뜻에 알맞은 글자를 모두 찾아 ○ 하세요.

(1) 나라나 지역을 맡아 다스림.   대 통 치 학 유

(2) 돈이나 값나가는 모든 물건.   재 배 앙 탈 물

(3) 나라를 위하여 공을 세운 신하.   목 공 간 시 신

02 빈칸에 알맞은 낱말을 찾아 선으로 이으세요.

(1) ☐은 한 국가나 사회, 개인이 가지고 있는 생각의 근본이 되는, 이상적으로 여겨지는 사상을 말해요.   •   • ㉠ 서역

(2) ☐은 중국의 서쪽에 있던 여러 나라를 통틀어 이르는 말이에요.   •   • ㉡ 이념

(3) ☐은 나라와 나라 사이에 물건을 서로 사고파는 것을 말해요.   •   • ㉢ 교역

03 (   ) 안에서 알맞은 낱말을 골라 ○ 하세요.

(1) 조선은 유교 (이념 | 체념)을 바탕으로 나라를 다스렸어요.

(2) 임금은 나라를 세우는 데 공을 세운 (육신 | 공신)에게 높은 벼슬을 주었어요.

(3) 백성들은 나라를 안정시킨 왕의 (통치 | 방치) 능력을 높이 평가했어요.

(4) 할머니는 김밥을 팔면서 어렵게 모은 (재물 | 재벌)을 사회에 기부했어요.

(5) 비단길은 중국에서 (동역 | 서역)으로 가는 길로 서아시아까지 갈 수 있어요.

(6) 중국은 비단으로 여러 나라와 (교역 | 대역)했어요.

중국의 뿌리를 만든 한나라

진나라 시황제가 세상을 떠나자 곳곳에서 반란이 일어났어요. 반란을 일으킨 무리 중에서 항우는 궁전을 불태우고 재물을 빼앗았는데, 유방은 너그럽게 백성들을 보살펴서 그를 따르는 사람이 많았어요. 이후 유방은 항우를 물리치고 중국을 통일해 한나라의 황제 고조가 되었어요.

한나라 고조는 군현제와 봉건제를 혼합한 제도인 '군국제'를 실시했어요. 수도 인근은 군현을 설치해 황제가 직접 통치하고, 먼 지역은 왕족이나 공신인 제후가 통치하게 했지요. 또한 백성들의 세금을 줄여 주는 등 나라를 안정시키는 데 힘을 기울였어요.

한나라는 무제 때 전성기를 맞았어요. 무제는 군현제를 전국에 걸쳐 실시해 제후의 권력이 세지는 것을 막았어요. 그리고 나라의 안정을 위해 유교를 통치 이념으로 삼아 유학을 발전시켰어요. 유학은 나라에 충성하고 부모에 효도하는 것을 중요하게 여기는 학문이에요. 무제는 유학을 교육하기 위해 '태학'이라는 교육 기관을 설립하고, 유학을 공부한 사람을 관리로 뽑아 썼어요.

한편 무제는 흉노가 국경을 넘나들며 노략질을 일삼자, 서역에 있는 대월지라는 나라에 함께 흉노를 치자고 제안하려고 장건을 보냈어요. 장건은 서역으로 가는 중간에 흉노에게 붙잡혀 10년 넘게 포로로 있다가 겨우 탈출해 대월지로 갔어요. 그러나 대월지는 무제의 제안을 거절했지요. 한나라로 돌아온 장건은 그동안 알게 된 서역에 대한 정보를 무제에게 알렸어요. 이를 계기로 한나라와 서역을 연결하는 길이 생겨 한나라는 서역과 교역을 시작하게 되었어요. 이후 이 길을 통해 중국의 비단이 서역 여러 나라에 전해졌다고 하여 이 길을 '비단길'이라고 불렀답니다.

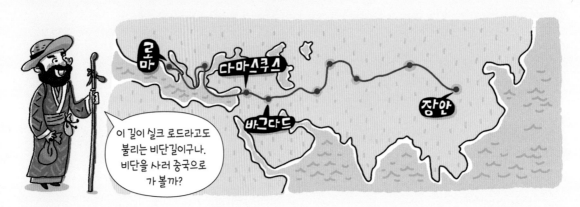

01 진나라 시황제의 죽음 이후 반란을 일으킨 항우를 물리치고 중국을 통일해 한나라의 황제 고조가 된 사람의 이름을 쓰세요.

02 빈칸에 알맞은 말이 차례대로 묶인 것을 고르세요. (   )

> 한나라 고조는 나라를 통치하는 방법으로 [   ]를 실시했어요. 수도 인근은 군현을 설치해 [   ]가 직접 통치하고, 먼 지역은 왕족이나 공신인 [   ]가 통치하게 했어요.

① 봉건제 – 제후 – 황제   ② 군국제 – 제후 – 황제

③ 군국제 – 황제 – 제후   ④ 군현제 – 황제 – 제후

03 무제에 대해 <u>틀리게</u> 말한 친구를 찾아 ○ 하세요.

군현제를 전국에 걸쳐 실시했어.
롱이

대월지에 흉노를 함께 치자고 제안하려고 장건을 보냈어.
빵이

불교를 통치 이념으로 삼았어.
핫또야

유학을 공부한 사람을 관리로 뽑아 썼어.
소라

04 무엇에 대한 설명인지 찾아 선으로 이으세요.

(1) 나라에 충성하고 부모에게 효도하는 것을 중요하게 여기는 학문이에요. •

• ㉠ 태학

(2) 한나라와 서역이 교역하면서 생긴 길이에요. 이 길을 통해 비단이 서역에 전해졌어요. •

• ㉡ 비단길

(3) 무제가 유학을 교육하기 위해 설립한 교육 기관이에요. •

• ㉢ 유학

뜻에 알맞은 낱말을 찾은 다음, 그 낱말 아래에 문제 번호를 쓰세요.

① 소나 양과 같은 가축이 먹을 풀과 물을 찾아 옮겨 다니면서 삶.

② 제사를 지낼 때 바치는 물건이나 동물.

③ 거북의 등딱지와 짐승의 뼈를 통틀어 부르는 말.

④ 흙으로 쌓아 올린 성.

⑤ 한 사회에서 오랫동안 지켜 내려오는 사회 규범이나 생활 방식.

⑥ 나라나 지역을 맡아 다스림.

⑦ 제후가 다스리는 나라.

⑧ 나라를 위하여 공을 세운 신하.

관습

통치

제물

갑골

제후국

공신

유목

토성

글의 내용이 맞으면 ○, 틀리면 ✕를 따라가며 줄을 그으세요.

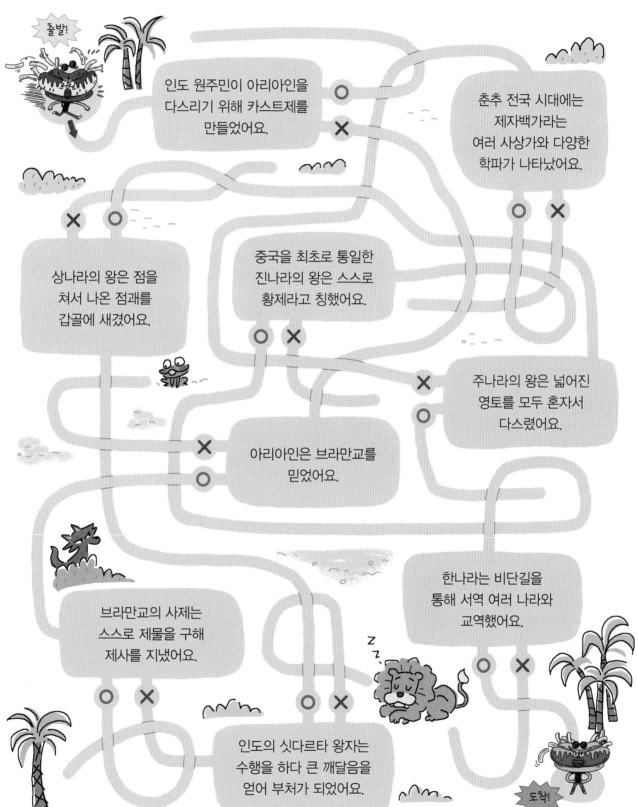

출발!

인도 원주민이 아리아인을 다스리기 위해 카스트제를 만들었어요.

춘추 전국 시대에는 제자백가라는 여러 사상가와 다양한 학파가 나타났어요.

상나라의 왕은 점을 쳐서 나온 점괘를 갑골에 새겼어요.

중국을 최초로 통일한 진나라의 왕은 스스로 황제라고 칭했어요.

주나라의 왕은 넓어진 영토를 모두 혼자서 다스렸어요.

아리아인은 브라만교를 믿었어요.

브라만교의 사제는 스스로 제물을 구해 제사를 지냈어요.

한나라는 비단길을 통해 서역 여러 나라와 교역했어요.

인도의 싯다르타 왕자는 수행을 하다 큰 깨달음을 얻어 부처가 되었어요.

도착!

페르시아 제국의 왕, 다리우스 1세

다리우스 1세는 페르시아 제국의 전성기를 이끌었던 왕이에요. 다리우스 1세는 원래 총독의 아들로 왕위에 오를 지위에 있지는 않았어요. 그러나 페르시아 제국의 왕 캄비세스 2세가 이집트에서 싸우고 페르시아로 돌아오는 길에 죽자 동생인 바르디아가 왕위를 이었어요. 그런데 진짜 바르디아는 오래전에 죽고, 왕위에 앉은 바르디아는 가짜라는 소문이 돌았어요. 이에 다리우스 1세는 바르디아를 살해하고 왕위에 올랐어요.

다리우스 1세가 왕이 된 초기에는 다리우스가 전통 계승자가 아니라며 반란이 일어나 나라가 혼란스러웠어요. 다리우스 1세는 직접 반란을 진압하고, 자신의 업적을 비시툰 산길 절벽에 새겨 왕위 계승에 대한 정통성을 강조했어요. 그 이후 영토를 크게 넓혀 페르시아 대제국을 건설했지요.

난 페르시아의 위대한 왕 다리우스 1세다!

▲ 페르세폴리스에 있는 다리우스 1세의 조각

다리우스 1세는 훌륭한 정치가였어요. 큰 제국을 효과적으로 다스릴 수 있게 페르시아 제국을 여러 개의 주로 나누어 총독이 다스리게 했어요. 각 지방 총독들은 독립적으로 지방을 다스렸지만, 왕의 귀와 왕의 눈으로 불리는 감찰관들이 시시때때로 지방의 모든 정보를 왕에게 보고했지요. 다리우스 1세는 왕궁에 앉아서도 제국에서 벌어지는 일을 거의 모두 알 수 있었어요.

▲ 페르시아 왕들의 무덤이 있는 낙쉐 로스탐

다리우스 1세는 건설 사업도 활발히 벌였어요. 이집트의 나일강과 홍해를 잇는 운하를 만들고, 왕의 길이라고 불리는 총 2,400km에 달하는 도로도 만들었지요. 또 수도인 페르세폴리스와 수사에 웅장하고 화려한 왕궁을 지었어요.

다리우스 1세는 36년간 페르시아 제국을 다스리다가 낙쉐 로스탐에 묻혔답니다.

영원한 삶을 꿈꾸었던 진시황제

진나라 시황제는 여러 나라로 나뉘어 있던 중국을 한 나라로 통일한 최초의 왕이에요. 시황제는 자신을 다른 왕들과 차별화하기 위해 스스로를 황제라고 불렀지요.

시황제는 몹시 잔인하고 냉혹했어요. 하지만 인재를 소중히 여길 줄 알았으며 실수하면 체면을 생각하지 않고 잘못한 것을 바로잡았어요. 그러나 시황제는 통치 사상인 '법가 사상'만을 중요시해서 백성들을 철저하게 법으로 다스리고, 법을 어기면 형벌을 엄하게 내렸어요. 학자들이 시황제의 이런 생각에 반대하자 시황제는 의약, 농사, 기술 등에 관한 책만 빼고 모든 책을 불태웠고, 자기 생각에 반대하는 학자들을 산 채로 땅에 묻어 죽였어요. 이 사건을 '분서갱유'라고 해요.

감히 황제의 뜻을 거역하다니! 서적을 불태우고 학자들을 땅에 묻어라!

시황제는 자신이 가진 권력을 영원히 누리면서 살고 싶었어요. 그래서 먹으면 늙지도 않고 죽지도 않는다고 하는 풀인 불로초를 구하기 위해 애썼어요. 불로초를 구하기 위해 진나라뿐만 아니라 한반도에 이르는 곳까지 곳곳에 사람을 보냈어요. 하지만 결국 불로초를 찾지는 못했지요. 또 시황제는 암살에 대한 두려움이 몹시 컸기 때문에 궁전을 270개나 짓고, 지하도를 통해 드나들며 자신이 어디에 있는지를 비밀로 하기도 했어요.

이 밖에도 자신의 묘를 거대한 지하 궁전으로 만들었어요. 그리고 자신이 죽은 후에 자신의 무덤을 지키기 위해 실물 크기의 병사들과 말 등을 흙으로 구워 만들었어요. 실제로 진시황제의 무덤 근처 지하에서 6,000여 점에 달하는 병사들과 말, 마차 등이 발견되었어요. 시황제는 죽어서도 살아 있을 때와 마찬가지로 영화를 누리고자 했던 거예요.

▲ 진시황릉 근처 지하에서 발견된 흙으로 만든 병사들

3주 고대 그리스

1일
어휘 | 광장, 본토, 신전, 월계관, 해안가, 험준하다
독해 | 에게해에서 시작된 그리스 문명

2일
어휘 | 강건하다, 나랏일, 민주 정치, 불법, 투표, 혹독하다
독해 | 자유로운 아테네와 엄격한 스파르타

3일
어휘 | 계기, 권장, 동맹, 쇠퇴, 수호, 위상
독해 | 동맹을 맺은 폴리스들

5일

어휘 | 동방, 조예, 지도자, 지식인, 철학, 풍습
독해 | 동서 문화의 결합, 헬레니즘 문화

4일

어휘 | 부하, 야망, 원정, 이주, 중심지, 후계자
독해 | 동서를 하나로 만든 알렉산드로스 제국

6일

복습

광장 많은 사람이 모일 수 있게 거리에 만들어 놓은, 넓은 곳.

여기가 월드컵 축구 대회가 열릴 때마다 사람들이 모여 응원하는 광화문 광장이야.

도로 한가운데에 넓은 광장이 있으니 좋다!

본토 딸린 섬이나 식민지, 피보호국 등에 대하여 주가 되는 국토를 이르는 말.

우리나라는 섬이 많은데, 섬을 빼고 나머지 육지 지역이 우리나라 본토야.

오~

본토

섬

신전 신을 모시는 종교 건축물.

사람들이 나, 포세이돈을 모신다고 멋지게 신전을 지었군.

포세이돈!

차아아

월계관 고대 그리스에서, 월계수잎을 엮어 만들어 경기의 우승자에게 씌워 주던 관.

끼압

헙얍

창던지기에서 우승한 것을 축하합니다. 월계관을 씌워 드릴게요.

해안가 바닷물과 땅이 서로 닿은 곳이나 그 근처.

해안가에 앉아 있으니 정말 좋다. 바다도 보고, 파도 소리도 듣고.

차 ～ 아

험준하다 땅이나 산 등이 높고 가파르다.

산이 너무 험준해. 이 밧줄이 없으면 오르지 못할 거야.

이렇게 가파른 산은 처음이야! 무서워!

01 낱말의 뜻을 보기 에서 찾아 기호를 쓰세요.

보기

㉠ 신을 모시는 종교 건축물.

㉡ 딸린 섬이나 식민지, 피보호국 등에 대하여 주가 되는 국토를 이르는 말.

㉢ 고대 그리스에서, 월계수잎을 엮어 만들어 경기의 우승자에게 씌워 주던 관.

㉣ 많은 사람이 모일 수 있게 거리에 만들어 놓은, 넓은 곳.

㉤ 바닷물과 땅이 서로 닿은 곳이나 그 근처.

㉥ 땅이나 산 등이 높고 가파르다.

(1) 본토 (   )   (2) 신전 (   )   (3) 험준하다 (   )

(4) 해안가 (   )   (5) 월계관 (   )   (6) 광장 (   )

02 빈칸에 알맞은 낱말을 찾아 선으로 이으세요.

(1) 우리는 파도 소리를 들으며 ⬚를 거닐었어요.   •   • ㉠ 월계관

(2) 박물관에는 경기 우승자에게 씌워 주던 ⬚이 전시되어 있었어요.   •   • ㉡ 해안가

(3) 지금은 기둥만 남아 있지만, 옛날에는 신을 모시던 ⬚이었어요.   •   • ㉢ 신전

03 ⬚ 안에서 알맞은 낱말을 골라 ○ 하세요.

(1) 많은 사람이 넓은 | 광장 | 책장 | 에 모여 음악 공연을 봤어요.

(2) 가파른 절벽이 많은 | 평탄한 | 험준한 | 산을 오르느라 다리가 후들거렸어요.

(3) 마라도는 우리나라 | 본채 | 본토 | 에서 가장 남쪽에 있는 섬이에요.

에게해에서 시작된 그리스 문명

▲ 에게 문명

에게해에서 가장 먼저 문명이 발생한 지역은 그리스 남동쪽에 있는 크레타섬이에요. 크레타섬 사람들은 올리브와 포도를 재배하고, 이웃 나라들과 활발하게 무역하며 문명을 일으켰어요. 그런데 강력한 군대와 우수한 무기를 가지고 있던 그리스 본토의 미케네에 정복당하고 말았어요. 이후 미케네는 그리스 연합군을 만들어 트로이와 전쟁해 승리하면서 에게해를 완전히 장악했지요. 하지만 미케네 문명은 철제 무기를 앞세운 도리아인의 침략으로 멸망했어요.

미케네 문명이 멸망한 이후 그리스인들은 에게해 해안가에 촌락을 이루며 모여 살았어요. 그러다 폴리스라는 작은 도시 국가가 등장했지요. '폴리스'는 아크로폴리스와 아고라가 있는 중심 도시와 주변 촌락으로 구성되었어요. '아크로폴리스'는 가장 높은 언덕에 세워졌으며 신전과 군사 시설 등을 갖추고

▲ 폴리스의 모습

있었고, 광장을 뜻하는 '아고라'에는 시장, 재판소, 공공시설 등이 있었지요.

그리스는 험준한 산과 섬이 많아 통일 국가를 이루기는 힘들어 수많은 폴리스로 나뉘어 있었어요. 그렇지만 그리스인들은 다른 폴리스에 살아도 같은 말을 쓰고, 같은 신을 믿었기 때문에 같은 민족이라는 생각에 하나로 뭉치기도 했지요. 그리스인들은 제우스 신전이 있는 올림피아에서 4년마다 제우스 신에게 제사를 지낼 때 운동 경기를 함께 했어요. 올림피아 제전에서는 달리기, 레슬링, 창던지기 등의 경기를 했고, 우승자에게는 월계관을 수여했어요. 이 운동 경기가 오늘날 올림픽의 출발점이라고 할 수 있지요.

01 에게해에서 일어난 문명에 대한 설명으로 맞는 것을 모두 찾아 ✔ 하세요.

(1) 에게해에서 가장 먼저 문명이 발생한 지역은 그리스 본토인 미케네예요.

(2) 크레타섬 사람들은 이웃 나라와 활발하게 무역하며 문명을 일으켰어요.

(3) 트로이가 그리스 연합군과 전쟁해 승리하면서 에게해를 장악했어요.

(4) 미케네 문명은 철제 무기를 앞세운 도리아인의 침략으로 멸망했어요.

02 미케네 문명의 멸망 이후, 그리스에 등장한 중심 도시와 주변 촌락으로 구성된 작은 도시 국가를 무엇이라고 하는지 쓰세요.

03 폴리스에 대한 글을 읽고, 빈 곳에 알맞은 말을 쓰세요.

중심 도시의 가장 높은 언덕에 있는 _____에는 신전과 군사 시설 등이 있었고, 광장을 뜻하는 _____에는 시장, 재판소, 공공시설 등이 있었어요.

04 그리스에 대한 설명으로 틀린 것을 고르세요. (   )

① 그리스는 험준한 산과 섬이 많아 통일 국가를 이루기 힘들었어요.

② 다른 폴리스에 사는 그리스인들은 서로 다른 말을 썼어요.

③ 그리스인들은 올림피아에 모여 제우스 신에게 제사를 지냈어요.

④ 올림피아 제전은 4년마다 열렸고, 우승자에게는 월계관을 수여했어요.

강건하다 의지나 정신 등이 바르고 굳세다.

추운데 오늘도 운동하려고?

네, 올해 목표가 매일 운동하기 거든요.

목표를 이루겠다는 의지가 아주 강건하네.

나랏일 나라에 관한 일. 또는 나라의 정치에 관한 일.

제가 나랏일을 할 수 있게 도와주십시오. 시장 발전에 애쓰겠습니다.

저 사람은 왜 사람들과 악수하고 다녀?

나랏일을 열심히 할 테니 국회 의원으로 뽑아 달라는 거야.

국회 의원

민주 정치 국가의 주권이 국민에게 있고, 국민을 위해 일하는 정치.

국민의, 국민에 의한, 국민을 위한 정치를 하겠습니다.

국민이 주인이라는 민주 정치를 표현한 말이야.

미국의 링컨 대통령

불법 법에 어긋남.

야, 차도 안 오는데 그냥 여기서 건너자!

안 돼! 횡단보도로 건너지 않으면 불법이야.

투표 선거를 하거나 어떤 일을 결정할 때 정해진 용지에 의견을 표시하여 내는 일.

◇ 회장 선거

1 강우수
2 나모범
3 김진상

회장으로 뽑을 사람의 번호를 써서 투표하세요.

번호를 적은 종이를 여기에 넣으세요.

투표함

혹독하다 몹시 심하다.

이 사진이 발레리나 발을 찍은 거라고? 얼마나 혹독하게 훈련했으면 발이 이렇게 되었을까?

01 뜻에 알맞은 낱말을 찾아 선으로 이으세요.

(1) 선거를 하거나 어떤 일을 결정할 때 정해진 용지에 의견을 표시하여 내는 일.   •

• ㉠ 투표

(2) 국가의 주권이 국민에게 있고, 국민을 위해 일하는 정치.   •

• ㉡ 강건하다

(3) 의지나 정신 등이 바르고 굳세다.   •

• ㉢ 민주 정치

02 뜻에 알맞은 낱말을 보기에서 찾아 빈칸에 쓰세요.

| 보기 | 불법 | 혹독하다 | 나랏일 |

(1) 몹시 심하다. ⋯⋯⋯⋯⋯⋯⋯⋯⋯⋯⋯⋯⋯⋯⋯⋯⋯

(2) 나라에 관한 일. 또는 나라의 정치에 관한 일. ⋯⋯⋯⋯⋯

(3) 법에 어긋남. ⋯⋯⋯⋯⋯⋯⋯⋯⋯⋯⋯⋯⋯⋯⋯⋯⋯⋯⋯⋯⋯⋯

03 ( ) 안에서 알맞은 낱말을 골라 ○ 하세요.

(1) (혹독한 | 부실한) 겨울 추위에 한강이 꽁꽁 얼었어요.

(2) 국회 의사당은 국회 의원들이 모여 (궂은일 | 나랏일)을 회의하는 곳이에요.

(3) 나는 부회장 선거에서 내 짝꿍에게 (투자 | 투표)했어요.

(4) 어린이 보호 구역에서 (불법 | 합법)으로 주차를 하면 안 돼요.

(5) 그 아이는 (강건한 | 허약한) 정신을 가지고 어려움을 이겨 냈어요.

(6) (군주 정치 | 민주 정치)에서는 국민이 대통령을 직접 뽑아요.

자유로운 아테네와 엄격한 스파르타

그리스를 대표하는 폴리스인 아테네와 스파르타는 서로 다른 모습으로 발전했어요.

아테네 초기에는 몇몇 귀족들이 나랏일을 결정했어요. 그러다 활발한 해상 무역으로 재산을 쌓은 평민들이 직접 전쟁에 참여하면서 평민들의 지위가 높아져 나랏일에 참여하게 되었지요.

이후 아테네는 평민들의 정치 참여를 늘리는 한편, 불법으로 권력을 잡으려는 독재자의 출현을 막기 위한 제도를 마련했어요. 독재자가 될 가능성이 있는 사람의 이름을 도자기 조각에 적어 투표해 가장 많은 표가 나온 사람을 10년간 아테네에서 쫓아냈지요.

모른다는 것을 인정해야 올바른 결정을 할 수 있다!

▲ 소크라테스

아테네는 점점 민주 정치가 발전하면서 시민들이 직접 참여하여 나랏일을 논의하고 결정하는 기구인 '민회'를 만들고, 민회에서 국가의 중요 정책을 시민들의 토론과 투표로 결정했어요. 아테네에서 토론이 중요해지면서 말하는 기술을 가르치는 선생님이자 철학자인 소피스트가 등장했어요. '소피스트'는 '지혜로운 자'라는 뜻이에요. 오늘날 서양 철학의 3인방이라 불리는 소크라테스, 플라톤, 아리스토텔레스가 바로 소피스트예요.

아테네와 달리 스파르타는 왕과 소수의 귀족들이 강력한 군사 제도를 바탕으로 평민

우리는 무적의 스파르타!

스파르타의 남자들은 고통과 배고픔을 참는 법 등을 훈련받았대.

들과 노예들을 감시하고 통제했어요. 스파르타의 남자아이들은 7세가 되면 집을 떠나 함께 모여 살면서 엄격한 군사 훈련을 받아야 했어요. 스파르타는 혹독한 군사 훈련으로 폴리스 중에서 가장 강한 군대를 가진 나라가 되었지요.

아테네가 자유롭고 풍요로운 나라라면 스파르타는 엄격하고 강건한 나라라고 할 수 있어요.

01 아테네에 대해 **틀리게** 말한 아이의 이름을 쓰세요. (   )

• 태준 : 초기에는 몇몇 귀족들이 나랏일을 결정했어.

• 서호 : 재산을 쌓은 평민들이 직접 전쟁에 참여했지만 나랏일에는 참여할 수 없었어.

• 수민 : 불법으로 권력을 잡으려는 독재자의 출현을 막기 위한 제도를 마련했어.

• 은채 : 투표해서 독재자가 될 가능성이 있는 사람으로 뽑히면 10년간 쫓겨났어.

02 아테네 시민들이 직접 참여하여 나랏일을 논의하고 결정하는 기구를 무엇이라고 하는지 쓰세요.

03 아테네에 대한 설명이면 '아', 스파르타에 대한 설명이면 '스'를 쓰세요.

(1) 남자아이들은 7세가 되면 집을 떠나 군사 훈련을 받았어요.

(2) 폴리스 중에서 가장 강한 군대를 가진 나라였어요.

(3) 민회에서 국가의 중요한 정책을 시민들의 토론과 투표로 결정했어요.

(4) 왕과 소수의 귀족들이 평민들과 노예들을 감시하고 통제했어요.

04 글을 읽고, 빈 곳에 알맞은 말을 쓰세요.

아테네에서 토론이 중요해지면서 말하는 기술을 가르치는 선생님이자 철학자인

_____ 가 등장했어요. 이들 중에는 오늘날 서양 철학의 3인방이라

불리는 _____, 플라톤, 아리스토텔레스가 있어요.

계기 어떤 일이 일어나거나 결정되도록 하는 원인이나 기회.

권장 어떤 일을 권하고 장려함.

동맹 둘 이상의 개인이나 단체, 나라 등이 이익을 위해서 서로 도울 것을 약속하는 결합.

쇠퇴 강하게 일어났던 현상이나 세력, 기운 등이 약해짐.

수호 지키고 보호함.

위상 어떤 사물이 다른 사물과의 관계 속에서 가지는 위치나 상태.

01 낱말에 대한 설명이 맞으면 ○, 틀리면 ✕ 하세요.

(1) '계기'는 어떤 일이 일어나거나 결정되도록 하는 원인이나 기회를 말해요. (　　　)

(2) '위상'은 어떤 사물이 다른 사물과의 관계 속에서 가지는 위험을 말해요. (　　　)

(3) '쇠퇴'는 약하게 일어났던 현상이나 세력 등이 강해지는 것을 말해요. (　　　)

(4) '권장'은 어떤 일을 권하고 장려하는 것을 말해요. (　　　)

(5) '동맹'은 단체나 개인이 이익을 위해 서로 결별하는 것을 말해요. (　　　)

(6) '수호'는 지키고 보호하는 것을 말해요. (　　　)

02 기호에 알맞은 낱말이 바르게 짝 지어진 것을 고르세요. (　　　　)

• 선생님은 학생들에게 일주일에 책 한 권 읽기를 (㉠)했어요.

• 세계 여러 나라는 국가 발전을 위해 (㉡)을 맺고 협조하는 경우가 많아요.

• 유럽에 진출한 우리나라 축구 선수는 한국인의 (㉢)을 높였어요.

	㉠	㉡	㉢		㉠	㉡	㉢
①	권장	위상	동맹	②	위상	권장	동맹
③	동맹	권장	위상	④	권장	동맹	위상

03 빈칸에 알맞은 낱말을 찾아 선으로 이으세요.

(1) 두 사람은 고난을 같이 극복하면서 이를 　　로 단짝 친구가 되었어요. • 　　　　• ㉠ 쇠퇴

(2) 그 나라는 반란이 계속 일어나 결국 　　하기 시작했어요. • 　　　　• ㉡ 계기

(3) 독도 　　를 위해 다른 나라에 독도가 우리 땅임을 꾸준히 알리고 있어요. • 　　　　• ㉢ 수호

동맹을 맺은 폴리스들

아테네와 스파르타를 중심으로 발전하던 그리스는 서아시아를 통일한 페르시아 제국의 침략을 받았어요. 그리스의 폴리스들은 힘을 합쳐 페르시아와 전쟁을 벌였는데, 이때 아테네의 활약으로 페르시아를 물리칠 수 있었어요.

페르시아와의 전쟁에서 큰 공을 세운 계기로 아테네의 위상은 크게 높아졌어요. 여러 폴리스는 페르시아의 침입에 대비해 아테네를 중심으로 '델로스 동맹'을 맺었어요. 동맹에 가입한 폴리스들은 전쟁에 쓸 돈을 모았고, 이 돈을 아테네가 관리했지요.

아테네는 동맹국으로부터 모은 돈을 관리하면서 부유하고 강한 나라가 되었어요. 민주 정치를 더욱 발전시켰고, 시민들에게 문학과 예술을 권장할 만큼 문화가 발전했으며 아테네의 수호 여신인 아테나를 위해 파르테논 신전을 지을 만큼 건축술도 발달했어요.

그런데 시간이 흐르면서 아테네는 자신들의 힘을 믿고 점점 욕심을 부렸어요. 페르시아의 침입 위험이 없음에도 불구하고 동맹국으로부터 전쟁에 쓸 돈을 억지로 거두어들였고, 그 돈을 제멋대로 썼어요.

이에 불만을 품은 일부 폴리스들이 아테네에 등을 돌렸고, 아테네를 견제하기 위해 스파르타와 동맹을 맺었어요. 이를 '펠로폰네소스 동맹'이라고 해요. 이후 델로스 동맹과 펠로폰네소스 동맹 간에 전쟁이 벌어졌는데 이 전쟁을 '펠로폰네소스 전쟁'이라고 해요. 무려 27년 동안 계속된 이 전쟁은 결국 펠로폰네소스 동맹의 승리로 끝났지만, 진 쪽도 이긴 쪽도 모두 피해가 너무 커서 그리스의 폴리스들은 점점 쇠퇴했답니다.

파르테논 신전은 아테네의 아크로폴리스에 지어진 신전이야.

▲ 아테네의 파르테논 신전

01 그리스에 대한 글을 읽고, 빈 곳에 알맞은 말을 쓰세요.

> 그리스의 폴리스들은 서아시아를 통일한 ＿＿＿＿＿＿＿ 제국과 벌인 전쟁에서
>
> ＿＿＿＿＿＿＿의 활약으로 승리했어요.

02 델로스 동맹과 펠로폰네소스 동맹 중에서 어느 동맹에 대한 설명인지 쓰세요.

아테네에 불만을 품은 일부
폴리스들이 아테네를 견제하기
위해 스파르타와 맺은 동맹이에요.

페르시아의 침입에 대비해 아테네를
중심으로 여러 폴리스가 맺은
동맹이에요.

(1) (   )   (2) (   )

03 아테네에 대한 설명이 맞으면 ○, 틀리면 X 하세요.

(1) 아테네의 수호 여신인 아테나를 위해 파르테논 신전을 지었어요.   (   )

(2) 페르시아의 침입에 대비해 동맹국으로부터 돈을 모으고 관리했어요.   (   )

(3) 페르시아의 침입 위험이 없어지자 동맹국에 모은 돈을 돌려주었어요.   (   )

(4) 전쟁을 대비하면서 민주 정치가 쇠퇴했어요.   (   )

04 델로스 동맹과 펠로폰네소스 동맹 간에 벌어진 전쟁을 무엇이라고 하는지 쓰세요.

부하 어떤 사람보다 직책이 낮아 그 사람의 명령에 따르는 사람.

야망 어떤 일을 이루겠다는 큰 희망이나 바람.

원정 먼 곳으로 전쟁을 하러 나감.

이주 개인이나 종족, 민족이 원래 살던 지역을 떠나 다른 지역으로 이동해서 삶.

중심지 어떤 일이나 활동의 중심이 되는 곳.

후계자 어떤 일이나 사람의 뒤를 잇는 사람.

01 초성을 참고하여 뜻에 알맞은 낱말을 빈칸에 쓰세요.

(1) ㅈ ㅅ ㅈ : 어떤 일이나 활동의 중심이 되는 곳. ➡ [   ]

(2) ㅇ ㅈ : 먼 곳으로 전쟁을 하러 나감. ➡ [   ]

(3) ㅇ ㅁ : 어떤 일을 이루겠다는 큰 희망이나 바람. ➡ [   ]

02 낱말의 뜻을 바르게 말한 친구를 모두 찾아 ○ 하세요.

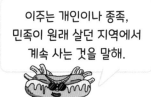
이주는 개인이나 종족,
민족이 원래 살던 지역에서
계속 사는 것을 말해.
핫또야

후계자는 어떤
일이나 사람의 뒤를
잇는 사람을 말해.
롱이

어떤 사람보다 직책이 낮아
그 사람의 명령에 따르는 사람을
부하라고 해.
꽈리

03 빈 곳에 알맞은 낱말을 보기에서 찾아 쓰세요.

보기   야망   이주   중심지   원정   후계자   부하

(1) 농부는 둘째 딸을 _____ 로 삼아 자신의 과수원을 물려주기로 했어요.

(2) 먼 곳으로 전쟁하러 _____ 을 간 군사들은 지치고 병들어 힘들어했어요.

(3) 우리나라도 다른 나라에서 _____ 해 온 노동자들이 많아졌어요.

(4) 도시의 _____ 는 교통이 편리하지만 주변이 복잡하고 시끄러워요.

(5) 장군은 _____ 들을 이끌고 전쟁터로 나갔어요.

(6) 부사장은 자신이 사장이 되겠다는 _____ 을 가지고 있어요.

동서를 하나로 만든 알렉산드로스 제국

그리스가 펠로폰네소스 전쟁을 벌이고 있을 무렵, 그리스 북쪽에서는 마케도니아라는 나라가 힘을 키우고 있었어요. 마케도니아의 왕 필리포스 2세는 전쟁 후 힘이 약해진 폴리스들을 정복해 그리스를 통일했어요.

이후 필리포스 2세가 죽임을 당하면서 후계자였던 알렉산드로스는 20세에 왕위에 올랐어요. 알렉산드로스는 영토를 넓히기 위해 부하들을 이끌고 페르시아 원정에 나섰어요. 알렉산드로스는 페르시아를 물리치고, 페르시아의 지배를 받던 이집트까지 정복했어요. 알렉산드로스의 야망은 이에 그치지 않고 인더스강 주변까지 정복해 유럽, 아시아, 아프리카의 세 대륙에 걸친 알렉산드로스 제국을 건설했어요.

알렉산드로스는 정복지의 문화를 수용하는 융합 정책을 썼어요. 자신이 먼저 페르시아 귀족의 딸과 결혼한 뒤 페르시아 왕관을 쓰고, 페르시아 옷을 입었어요. 또 왕에게 무릎을 꿇는 페르시아식 예법을 도입하고, 페르시아인을 관리로 뽑았지요. 페르시아의 정치 체제도 받아들여 제국을 통치하는 데 이용하기도 했어요.

알렉산드로스는 자신이 정복한 지역 곳곳에 자기 이름을 딴 '알렉산드리아'라는 도시를 건설했어요. 알렉산드로스는 알렉산드리아를 그리스 신전, 체육관 등을 갖춘 그리스식 도시로 꾸미고, 그리스어를 공용어로 삼았어요. 그리고 그곳에 그리스 사람들을 이주시켜 원주민들에게 그리스 문화를 전파했지요. 알렉산드리아는 그 지역 문화와 그리스 문화가 융합된 새로운 문화의 중심지가 되었답니다.

▲ 알렉산드로스 제국의 최대 영역

01 알렉산드로스에 대해 <u>틀리게</u> 말한 친구를 찾아 ○ 하세요.

필리포스 2세가 죽임을 당하자 20세에 왕위에 올랐어. 소라

인더스강 주변까지 원정에 나섰지만 정복에는 실패했어. 빵이

페르시아를 물리치고 이집트까지 차지했어. 롱이

유럽, 아시아, 아프리카의 세 대륙에 걸친 대제국을 건설했어. 핫또야

02 알렉산드로스의 융합 정책에 대한 설명이 맞으면 '예', 틀리면 '아니요'에 ○ 하세요.

(1) 알렉산드로스 자신이 페르시아 귀족의 딸과 결혼했어요.	예	아니요
(2) 페르시아의 정치 체제는 받아들였지만, 페르시아인을 관리로 뽑지는 않았어요.	예	아니요
(3) 알렉산드로스 자신이 페르시아 왕관을 쓰고, 페르시아 옷을 입었어요.	예	아니요
(4) 페르시아 예법을 도입했어요.	예	아니요

03 알렉산드로스가 자신이 정복한 지역 곳곳에 자기 이름을 따서 건설한 도시의 이름을 쓰세요.

04 알렉산드리아에 대한 설명으로 맞는 것을 모두 고르세요. (　　　,　　　)

① 그 지역에 살던 원주민을 모두 쫓아내고 그리스 사람들이 이주해 살았어요.

② 그리스 신전, 체육관 등을 갖춘 그리스식 도시로 꾸몄어요.

③ 그리스 문화를 전파하기 위해 그 지역 문화는 받아들이지 않았어요.

④ 그리스어를 공용어로 사용했어요.

동방 동쪽 방향이나 동쪽 지방.

조예 학문이나 예술, 기술 등의 분야에 대해 가지고 있는 많은 경험이나 깊은 지식.

지도자 남을 가르쳐서 이끄는 사람.

지식인 일정한 수준 이상의 지식과 교양을 갖춘 사람.

철학 세계와 인간에 대한 근본 원리를 탐구하는 학문.

풍습 풍속과 습관을 아울러 이르는 말.

01 뜻에 알맞은 낱말을 보기 에서 찾아 빈칸에 쓰세요.

| 보기 | 철학 | 지도자 | 조예 | 풍습 | 동방 | 지식인 |

(1) 일정한 수준 이상의 지식과 교양을 갖춘 사람. ⋯⋯⋯⋯⋯⋯⋯⋯ ☐

(2) 세계와 인간에 대한 근본 원리를 탐구하는 학문. ⋯⋯⋯⋯⋯⋯ ☐

(3) 풍속과 습관을 아울러 이르는 말. ⋯⋯⋯⋯⋯⋯⋯⋯⋯⋯⋯⋯⋯⋯⋯ ☐

(4) 남을 가르쳐서 이끄는 사람. ⋯⋯⋯⋯⋯⋯⋯⋯⋯⋯⋯⋯⋯⋯⋯⋯⋯⋯ ☐

(5) 동쪽 방향이나 동쪽 지방. ⋯⋯⋯⋯⋯⋯⋯⋯⋯⋯⋯⋯⋯⋯⋯⋯⋯⋯⋯ ☐

(6) 학문이나 예술, 기술 등의 분야에 대해 가지고 있는 많은 경험이나
깊은 지식. ⋯⋯⋯⋯⋯⋯⋯⋯⋯⋯⋯⋯⋯⋯⋯⋯⋯⋯⋯⋯⋯⋯⋯⋯⋯ ☐

02 빈칸에 알맞은 글자를 모두 찾아 ○ 하세요.

(1) 이모는 세계 음식에 대한 남다른 ☐☐가
있어요.

| 조 | 리 | 예 | 술 |

(2) 중국 당나라는 고구려를 동쪽의 강한 나라,
☐☐의 강국이라고 했어요.

| 공 | 동 | 사 | 방 |

(3) 그 교수는 세상의 근본 원리를 알기 위해
☐☐을 연구했어요.

| 철 | 학 | 인 | 판 |

03 ☐☐ 안에서 알맞은 낱말을 골라 ○ 하세요.

(1) 우리나라는 정월 대보름에 오곡밥을 먹는 | 풍경 | 풍습 |이 있어요.

(2) 누나는 생활 체육을 지도하는 | 당사자 | 지도자 |가 되기 위해 시험을 봤어요.

(3) 할아버지는 마을에서 글을 읽을 줄 아는 유일한 | 지식인 | 미개인 |이었어요.

동서 문화의 결합, 헬레니즘 문화

알렉산드로스의 스승은 그리스 최고의 철학자인 아리스토텔레스였어요. 알렉산드로스는 그의 가르침을 받아 철학, 예술, 건축 등에 조예가 깊은 지식인이자 위대한 지도자가 되었지요.

알렉산드로스는 그리스 문화를 전 세계에 퍼뜨리고 싶었어요. 그래서 정복한 지역에 그리스 문화를 전파하고, 정복한 지역의 풍습도 수용했지요. 알렉산드로스의 융합 정책으로 그리스 문화와 동방 문화가 결합해 새로운 문화가 만들어졌는데, 이 문화를 '헬레니즘 문화'라고 해요. 헬레니즘 문화는 국가나 민족보다 개인의 행복과 자유를 추구했지요.

헬레니즘 문화의 영향으로 철학에서는 개인의 행복을 위해 욕망 억제를 추구하는 학파와 정신적 즐거움을 추구하는 학파가 등장했어요. 또 이때 수학, 천문학, 의학 등 자연 과학도 발전했지요.

미술 분야에서는 특히 조각 분야가 발달했어요. 인체의 아름다움을 사실적이고 생동감 있게 표현한 「라오콘 군상」, 「밀로의 비너스」와 같은 작품들이 만들어졌어요.

헬레니즘 미술은 멀리 북인도 간다라 지방까지 전파되어 '간다라 미술'을 탄생시켰어요. 간다라 미술은 간다라 지방을 중심으로 인도 불교문화와 헬레니즘 문화가 융합된 불교 미술이에요. 이때 만들어진 불상을 보면 곱슬머리에 오뚝한 코, 움푹 들어간 눈, 자연스러운 옷 주름 등 그리스 신의 조각상과 비슷한 점이 많아요. 이런 간다라 미술 양식은 중국, 한국, 일본 등 동아시아에 전파되어 불상 제작에 영향을 주었답니다.

「라오콘 군상」은 뱀에 물려 고통을 받고 있는 인간의 감정을 생생하게 표현했어.

▲ 「라오콘 군상」

▲ 간다라 불상

01 그리스 문화와 동방 문화가 결합해 만들어진 새로운 문화를 무엇이라고 하는지 쓰세요.

02 헬레니즘 문화에 대한 설명이 맞으면 '예', 틀리면 '아니요'에 ○ 하세요.

(1) 개인의 행복과 자유보다는 국가나 민족의 조화를 추구했어요.　　예　아니요

(2) 미술 분야에서는 인체의 아름다움을 사실적이고 생동감 있게 표현한 작품들이 만들어졌어요.　　예　아니요

(3) 예술은 많이 발전했지만 천문학과 수학은 발전하지 못했어요.　　예　아니요

(4) 철학에서는 정신적 즐거움을 추구하는 학파가 등장했어요.　　예　아니요

03 헬레니즘 문화에 대한 글을 읽고, 빈 곳에 알맞은 말을 쓰세요.

헬레니즘 미술이 북인도 간다라 지방까지 전파되면서 인도 불교문화와 헬레니즘 문화가

융합된 불교 미술인 _____ 미술이 탄생했어요.

04 간다라 미술에서 볼 수 있는 불상의 특징이 <u>아닌</u> 것을 고르세요. (　　　　)

① 납작한 코　　　② 곱슬머리　　　③ 움푹 들어간 눈　　　④ 자연스러운 옷 주름

↪ 가로 풀이와 세로 풀이를 보고, 풀이에 알맞은 낱말을 빈칸에 쓰세요.

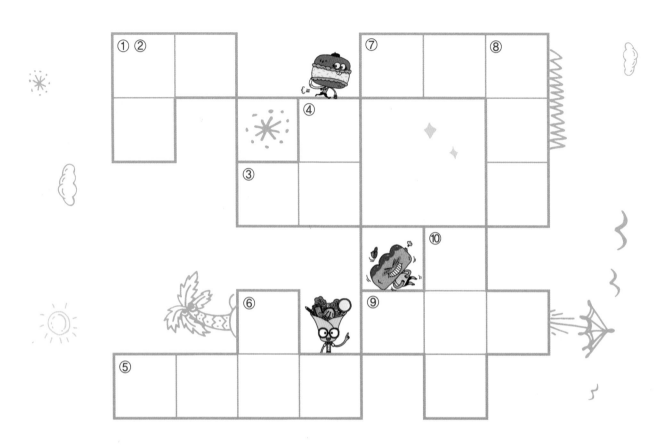

 가로 풀이야!

① 둘 이상의 개인이나 단체, 나라 등이 이익을 위해서 서로 도울 것을 약속하는 결합.

③ 많은 사람이 모일 수 있게 거리에 만들어 놓은, 넓은 곳.

⑤ 몹시 심하다.

⑦ 어떤 일이나 활동의 중심이 되는 곳.

⑨ 어떤 일이나 사람의 뒤를 잇는 사람.

 세로 풀이야!

② 동쪽 방향이나 동쪽 지방.

④ 어떤 일을 권하고 장려함.

⑥ 어떤 사람보다 직책이 낮아 그 사람의 명령에 따르는 사람.

⑧ 남을 가르쳐서 이끄는 사람.

⑩ 고대 그리스에서, 월계수잎을 엮어 만들어 경기의 우승자에게 씌워 주던 관.

글의 내용이 맞는 것만 따라가며 줄을 긋고, 도착한 곳에 있는 친구에게 ○ 하세요.

그리스 문화와 동방 문화가 결합해 만들어진 새로운 문화가 헬레니즘 문화예요.

알렉산드로스는 페르시아 문화를 무시하고 그리스 문화만 따르게 했어요.

스파르타에는 선생님이자 철학자인 소피스트가 있었어요.

아테네는 페르시아 침입에 대비해 다른 폴리스들과 '델로스 동맹'을 맺었어요.

알렉산드로스는 자신이 정복한 지역 곳곳에 알렉산드리아라는 도시를 건설했어요.

헬레니즘 문화는 개인의 행복보다 국가와 민족을 더 중요하게 생각했어요.

아테네에는 귀족들만 참여하여 나랏일을 논의하는 민회가 있었어요.

그리스 올림피아에서는 4년마다 운동 경기가 열렸어요.

펠로폰네소스 동맹과 델로스 동맹의 전쟁에서 델로스 동맹이 승리했어요.

스파르타는 평민들이 정치에 직접 참여할 수 있었어요.

그리스에는 중심 도시와 주변 촌락으로 구성된 작은 도시 국가인 '폴리스'가 있었어요.

출발!

4주 고대 로마

1일

어휘 | 권리, 기관, 상업, 성문법, 임기, 조언
독해 | 로마, 공화정을 수립하다

2일

어휘 | 명장, 용맹, 장악, 주도권, 해군, 황무지
독해 | 포에니 전쟁과 로마 공화정의 쇠퇴

3일

어휘 | 독차지, 맞서다, 모범, 반역죄, 암살
독해 | 로마를 장악한 카이사르

권리 어떤 일을 자기 뜻대로 할 수 있는 당연한 힘이나 자격.

기관 사회생활에서 어떤 일을 해 나가려고 만든 조직이나 단체.

상업 이익을 얻기 위한 목적으로 상품을 사고파는 경제 활동.

성문법 문자로 적어 표현한, 일정한 형식을 갖춘 법.

임기 일을 맡아서 하는 일정 기간.

조언 도움이 되도록 말로 거들거나 깨우쳐 줌. 또는 그런 말.

01 (   ) 안에서 알맞은 낱말을 골라 ○ 하세요.

(1) (단기 | 임기) : 일을 맡아서 하는 일정 기간.

(2) 상업 : 이익을 얻기 위한 목적으로 상품을 (사고파는 | 만드는) 경제 활동.

(3) (의무 | 권리) : 어떤 일을 자기 뜻대로 할 수 있는 당연한 힘이나 자격.

02 뜻에 알맞은 낱말이 되도록 보기 에서 글자를 모두 찾아 빈칸에 쓰세요.

보기   기   성   조   문   관   언   법

(1) 사회생활에서 어떤 일을 해 나가려고 만든 조직이나 단체. ⋯⋯⋯⋯ ☐ ☐

(2) 도움이 되도록 말로 거들거나 깨우쳐 줌. 또는 그런 말. ⋯⋯⋯⋯ ☐ ☐

(3) 문자로 적어 표현한, 일정한 형식을 갖춘 법. ⋯⋯⋯⋯ ☐ ☐ ☐

03 (   ) 안에 알맞은 낱말을 보기 에서 찾아 기호를 쓰세요.

보기   ㉠ 상업   ㉡ 조언   ㉢ 권리   ㉣ 성문법   ㉤ 임기   ㉥ 기관

(1) 누나는 나에게 공부하는 방법에 대한 (   )을 해 주었어요.

(2) 우리나라에서 적용하는 죄와 형벌은 (   )으로 규정되어 있어요.

(3) 이 지역은 (   )이 발달해 상점도 많고, 사람도 많아요.

(4) 교장 선생님은 (   )를 마치고 내년에 학교를 그만두셔요.

(5) 모든 사람은 차별받지 않고 평등하게 대우받을 (   )가 있어요.

(6) 우체국, 보건소, 도서관은 사람들이 모두 이용할 수 있는 공공 (   )이에요.

로마, 공화정을 수립하다

　로마는 이탈리아반도의 테베레강 유역에 있는 작은 도시 국가였어요. 초기 로마는 왕이 나라를 다스렸으나 귀족들이 힘을 모아 왕을 몰아냈어요. 그리고 시민이 뽑은 대표자나 대표 기관이 시민을 위해 나라를 다스리는 '공화정'으로 정치 형태를 바꾸었지요.

　로마 공화정은 원로원, 집정관, 민회가 서로 역할을 나누어 나라를 다스렸어요. '원로원'은 300명의 귀족으로 구성된 로마의 중심 기관으로, 나라의 중요한 일을 회의해서 결정했어요. '집정관'은 원로원의 조언을 받아 나라 살림이나 군사 등의 일을 담당하는 귀족 관리였어요. 집정관은 두 명을 뽑았고, 임기는 일 년이었어요. 이렇게 해서 집정관이 마음대로 권력을 휘두르는 것을 막았지요.

'민회'는 시민들이 모여 국가의 중요한 일을 결정하는 기관이었어요. 그러나 민회가 국가의 일을 결정해도 원로원이 반대하면 실행하지 못했어요. 그만큼 원로원 귀족들의 힘이 강했지요.

　하지만 로마도 아테네와 마찬가지로 상업 활동으로 평민이 부유해졌고, 정복 전쟁으로 군인이었던 평민들의 역할이 커졌어요. 그러면서 평민들은 더 많이 정치에 참여할 수 있는 권리를 요구했지요. 그래서 평민으로 구성된 회의 기관인 '평민회'를 세우고, 평민들의 권리를 보호하고 지키기 위해 평민의 대표 관리인 '호민관'을 뽑았어요. 그리고 귀족이든 평민이든 똑같이 따라야 하는 '12표법'을 만들어 공개했어요. 12표법은 로마 최초로 문자로 적어 발표한 성문법으로 귀족들로부터 평민을 보호하는 역할을 했지요.

　이로써 로마의 공화정은 민회, 집정관, 원로원이 골고루 세력 균형을 이루어 운영되었답니다.

01 시민이 뽑은 대표자나 대표 기관이 시민을 위해 나라를 다스리는 정치 형태를 무엇이라고 하는지 쓰세요.

02 무엇에 대한 설명인지 찾아 선으로 이으세요.

(1) 시민들이 모여 국가의 중요한 일을 결정하는 기관 •   • ㉠ 원로원

(2) 귀족 300명으로 구성된 로마의 중심 기관 •   • ㉡ 집정관

(3) 나라 살림이나 군사 등의 일을 담당하는 관리 •   • ㉢ 민회

03 로마의 공화정에 대한 설명으로 틀린 것을 고르세요. (   )

① 집정관은 원로원의 조언을 받았어요.

② 민회가 국가의 일을 결정해도 원로원이 반대할 수 있었어요.

③ 공화정은 민회, 집정관, 원로원이 역할을 나누어 나라를 다스렸어요.

④ 집정관 두 명은 모두 평민 출신이었어요.

04 친구들의 물음에 알맞은 말을 쓰세요.

평민의 정치 참여를 높이기 위해 세운, 평민으로 구성된 회의 기관을 뭐라고 할까?

(1)

평민들의 권리를 보호하고 지키기 위해 뽑은, 평민의 대표 관리를 뭐라고 할까?

(2)

명장 이름난 장수.

이순신 장군은 전략이 아주 뛰어난 명장이셨대.

나는 무예가 뛰어난 명장이 되고 싶다!

용맹 용감하고 날래며 기운참.

개가 용맹하네. 멧돼지한테 용감하게 마구 짖어.

꿀꿀~
엄마야~
앙 앙 앙

장악 무엇을 마음대로 할 수 있게 됨.

우리 로마가 이탈리아반도를 모두 장악했다! 이 지역은 로마가 마음대로 휘두를 수 있다!

주도권 중심이 되어 어떤 일을 이끌어 나갈 수 있는 권리나 권력.

꼬꼬

쟤가 이 무대의 주도권을 잡으려고 저렇게 크게 부르는 거지?

주도권을 뺏길 수 없어. 넌 더 크게 불러!

해군 바다에서 임무를 수행하는 군대.

285

해군들 모습이 정말 멋있다!

황무지 가꾸지 않고 내버려 두어 거친 땅.

이 넓은 땅이 황무지로 버려져 있다니 아까워!

우리가 이 땅을 일구어 농사를 지읍시다.

01 뜻에 알맞은 낱말을 **보기**에서 찾아 빈칸에 쓰세요.

| 보기 | 황무지 | 명장 | 장악 | 용맹 | 주도권 | 해군 |

(1) [   ] – 무엇을 마음대로 할 수 있게 됨.

(2) [   ] – 바다에서 임무를 수행하는 군대.

(3) [   ] – 중심이 되어 어떤 일을 이끌어 나갈 수 있는 권리나 권력.

(4) [   ] – 이름난 장수.

(5) [   ] – 가꾸지 않고 내버려 두어 거친 땅.

(6) [   ] – 용감하고 날래며 기운참.

02 빈칸에 알맞은 낱말이 차례대로 묶인 것을 고르세요. (   )

"
· 두 사람은 회의의 [ ]을 가지려고 회의 시간 내내 다투었어요.

· 적과 [ ]하게 싸운 백성들 덕분에 나라를 지킬 수 있었어요.

· 그 사람은 무력으로 나라를 [ ]해 왕이 되었어요.
"

① 주도권 – 용맹 – 장악   ② 주도권 – 장악 – 용맹

③ 장악 – 주도권 – 용맹   ④ 장악 – 용맹 – 주도권

03 [ ] 안에서 알맞은 낱말을 골라 ○ 하세요.

(1) 삼촌은 우리나라의 바다를 지키는 용감한 [해군   육군] 이에요.

(2) 시장은 쓸모없이 버려진 [여행지   황무지] 를 일구어 공원으로 만들었어요.

(3) 그 장군은 전쟁에서 한 번도 패한 적이 없는 [명장   직장] 이었어요.

포에니 전쟁과 로마 공화정의 쇠퇴

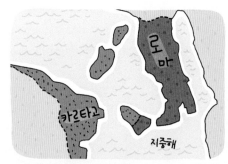

▲ 로마와 카르타고의 영역

로마는 기원전 3세기 중엽에 이탈리아반도를 통일했어요. 로마는 더 나아가 지중해 일대를 차지하려고 했지만, 북아프리카에 있던 카르타고가 지중해의 주도권을 장악하고 있었지요. 그래서 로마는 지중해의 주도권을 갖기 위해 카르타고와 전쟁을 벌였어요. 이 전쟁을 '포에니 전쟁'이라고 해요.

1차 포에니 전쟁 때는 로마가 막강한 해군을 가진 카르타고에 밀리기도 했지만, 쇠갈고리를 이용해 적의 배로 올라가서 싸우는 방법으로 전쟁에서 승리했어요. 2차 포에니 전쟁에서는 카르타고의 명장 한니발이 로마를 공격했고, 로마에서는 용맹한 장수인 스키피오가 카르타고를 공격했어요. 양쪽 군대는 맹렬하게 싸웠고 결국 로마의 승리로 끝났어요. 3차 포에니 전쟁에서는 로마가 카르타고를 멸망시키면서 마침내 지중해 일대를 장악했지요.

전쟁에서 승리한 로마의 일부 귀족들은 넓은 땅을 차지하고, 노예를 이용해 엄청나게 큰 농장을 운영했어요. 귀족들은 농장에서 거두어들인 곡물을 싼값에 팔아 점점 부자가 되었지요. 반면 자기 땅에서 농사를 짓던 농민들은 전쟁으로 황무지가 된 땅에서 농사를 지을 수 없어 생활이 힘들었어요. 농사를 지어도 싼값에 곡물을 파는 귀족들을 당해 낼 수가 없었지요. 이에 호민관으로 뽑힌 그라쿠스 형제는 일부 귀족만 땅을 차지하는 것을 막고 농민에게 땅을 나눠 주는 법을 만들어 개혁을 추진하려고 했어요. 하지만 그라쿠스 형제의 개혁은 원로원 귀족들의 반대로 실패하고 말았지요. 그 후 귀족과 평민의 다툼이 심해져 로마는 큰 혼란에 빠졌고, 공화정은 점점 쇠퇴했답니다.

전쟁으로 노예도 얻고 돈과 재물이 많이 생기니 좋다!

▲ 포에니 전쟁 후 귀족

전쟁에서 목숨 걸고 싸우고 돌아오니 땅이 황무지로 변했어.

▲ 포에니 전쟁 후 자기 땅에서 농사를 짓던 농민

01 로마와 카르타고에 대한 설명으로 맞는 것을 모두 고르세요. (,   )

① 로마는 이탈리아반도를 통일했어요.

② 카르타고는 로마의 요청으로 지중해 주도권을 넘겨주었어요.

③ 로마는 지중해 주도권을 갖기 위해 카르타고와 전쟁을 벌였어요.

④ 카르타고는 로마와의 전쟁에서 이겨 지중해 일대를 장악했어요.

02 포에니 전쟁이 전개된 과정의 순서대로 빈칸에 번호를 쓰세요.

카르타고의 한니발은 로마를, 로마의 스키피오는 카르타고를 공격했어요. ☐

로마가 쇠갈고리를 이용해 적의 배로 올라가서 싸우는 방법으로 전쟁에서 이겼어요. ☐

로마가 카르타고를 멸망시켰어요. ☐

03 포에니 전쟁 이후 로마에 일어난 일을 <u>틀리게</u> 말한 친구를 찾아 ○ 하세요.

로마의 일부 귀족들은 노예를 이용해 엄청나게 큰 농장을 운영했어.
빵이

귀족들은 곡물을 싼값에 팔아 점점 부자가 되었어.
롱이

귀족과 평민의 다툼이 심해져 로마는 점점 혼란에 빠졌어.
또띠

농민들도 전쟁에서 싸운 대가로 돈과 재물을 얻었어.
소라

04 일부 귀족만 땅을 차지하는 것을 막고 농민에게 땅을 나눠 주는 법을 만들어 개혁을 추진하려고 한 호민관 형제는 누구인지 쓰세요.

☐

독차지 혼자서 모두 차지함.

형이 탁자를 독차지하고 있으면 어떡해? 나도 탁자에서 할 게 있단 말이야.

맞서다 서로 겨루어 굽히지 않고 버티다.

두 선수가 팽팽히 맞서 싸우네.

한국 선수 이겨라!

모범 본받아 배울 만한 행동이나 그러한 행동을 하는 사람.

스스로 쓰레기를 치우네. 모범 학생이야!

나도 같이 쓰레기를 주워야겠어.

공원에 쓰레기가 떨어져 있으면 더러우니까 쓰레기를 주워야겠다.

모범이 되는 행동을 하니 친구도 따라 하는구나.

반역죄 국가와 민족, 또는 그와 비슷한 권력을 가진 조직에 대한 의리를 저버리고 배신한 죄.

로마 장군 두 명이 반역죄로 잡혔다는 게 사실이냐?

속닥 속닥 어쩌고 저쩌고 …!

네, 공화정을 무너뜨리고 황제가 되겠다고 계획을 세우다 잡혔다고 합니다.

암살 주로 정치적으로 중요한 사람을 몰래 죽임.

헉, 나를 암살하다니!

당신을 암살해서 로마의 공화정 전통을 지킬 것이오.

01 초성을 참고하여 뜻에 알맞은 낱말을 빈칸에 쓰세요.

(1) ㅇ ㅅ : 주로 정치적으로 중요한 사람을 몰래 죽임. ➡ ☐

(2) ㅁ ㅅ ㄷ : 서로 겨루어 굽히지 않고 버티다. ➡ ☐

(3) ㄷ ㅊ ㅈ : 혼자서 모두 차지함. ➡ ☐

02 뜻에 알맞은 낱말이 되도록 글자를 모두 찾아 ○ 하세요.

(1) 본받아 배울 만한 행동이나 그러한 행동을 하는 사람.　　모　시　범　함

(2) 국가와 민족, 또는 그와 비슷한 권력을 가진 조직에 대한 의리를 저버리고 배신한 죄.　　반　번　역　죄

03 (　　) 안에서 알맞은 낱말을 골라 ○ 하세요.

(1) 부모가 바르게 행동해서 자식에게 (모범 | 모방)을 보여야 해요.

(2) 병사들은 수많은 적군에 (맞서 | 피해) 용감하게 싸웠어요.

(3) 왕을 죽이려는 (엄살 | 암살) 사건이 있었으나 실패로 돌아갔어요.

(4) 우리 집 늦둥이 막내는 부모의 사랑을 (독촉 | 독차지)했어요.

(5) 왕을 몰아내려고 난을 일으킨 귀족들이 (위증죄 | 반역죄)로 붙잡혔어요.

로마를 장악한 카이사르

로마가 평민과 귀족들의 싸움으로 혼란스러울 때 군인 출신의 정치가들이 나타나 나라를 다스리기 시작했어요. 평민파의 우두머리였던 카이사르가 평민파 장군인 폼페이우스, 크라수스와 함께 원로원을 억누르고 권력을 차지했어요. '평민파'란 평민의 이익을 중심으로 일하던 정치가들의 집단을 말해요.

이후 카이사르는 갈리아 지역을 정복했어요. 카이사르는 적과 싸울 때 앞장서며 부하들에게 모범을 보였기 때문에 부하들은 카이사르를 진심으로 존경하고 충성을 다했어요. 로마 사람들도 카이사르를 지지했어요. 원로원 귀족들은 이런 카이사르가 로마를 독차지할까 봐 두려웠지요.

원로원은 크라수스가 전쟁 중에 살해를 당하자, 폼페이우스를 찾아가 같이 로마 공화정을 지켜 내자고 설득했어요. 결국 폼페이우스는 원로원과 손을 잡았지요. 원로원은 갈리아에 있던 카이사르에게 군대를 해산하고 혼자 로마로 돌아오라고 했어요. 카이사르는 혼자 로마에 가면 죽임을 당할 것이 뻔했기에 어쩔 수 없이 군대를 이끌고 로마로 들어가는 반역죄를 저질렀지요. 카이사르가 빠르게 로마로 진격해 오자 겁먹은 원로원의 귀족들은 다른 나라로 도망갔고, 폼페이우스도 이집트로 도망갔어요.

카이사르가 폼페이우스를 잡으러 이집트로 가자, 이집트 왕은 카이사르가 두려워 폼페이우스를 죽이고 말았어요. 이렇게 해서 원로원과 카이사르의 싸움은 카이사르의 승리로 끝났지요.

로마에는 더 이상 카이사르에게 맞설 사람이 없었어요. 카이사르는 황제나 다름없는 권력을 가지고 마음대로 정치를 했어요. 하지만 카이사르는 공화정의 전통을 지키려는 귀족들에게 암살당하고 말았답니다.

강을 건너 로마로 가서 폼페이우스와 원로원을 몰아내자!

01 로마에서 평민의 이익을 중심으로 일하던 정치가들의 집단을 무엇이라고 하는지 쓰세요.

02 로마에 대한 설명이 맞으면 ○, 틀리면 × 하세요.

(1) 로마가 혼란스러울 때 군인 출신 정치가들이 나라를 다스렸어요. (   )

(2) 로마 사람들은 카이사르를 무서워했어요. (   )

(3) 원로원은 카이사르가 로마를 독차지할까 봐 두려웠어요. (   )

(4) 원로원은 폼페이우스와 함께 카이사르를 몰아냈어요. (   )

03 카이사르가 한 일을 <u>틀리게</u> 말한 아이의 이름을 쓰세요. (   )

- **윤우** : 갈리아 지역을 정복했어.
- **현준** : 원로원의 뜻을 거역하고 군대를 이끌고 로마로 들어갔어.
- **수빈** : 폼페이우스를 잡기 위해 이집트로 갔어.
- **지원** : 로마의 황제가 되었어.

04 (   ) 안에 알맞은 말을 보기 에서 찾아 기호를 쓰세요.

보기

㉠ 크라수스

㉡ 폼페이우스

㉢ 알렉산드로스

㉣ 카이사르

(1) 이집트 왕은 이집트로 도망 온 (   )를 죽였어.

(2) (   )는 공화정을 지키려는 귀족들에게 암살당했어.

권위 특별한 능력, 자격이나 지위로 남을 이끌어서 따르게 하는 힘.

독재자 한 나라의 권력을 모두 차지하고 자기 마음대로 정치를 하는 사람.

상속자 죽은 사람의 재산을 넘겨받는 사람.

소탕 모조리 잡거나 없애 버림.

존엄 어떤 사람이나 신분이 매우 높고 엄숙함.

주목 관심을 가지고 주의 깊게 살핌. 또는 그 시선.

01 빈 곳에 알맞은 낱말을 **보기** 에서 찾아 쓰세요.

| 보기 | 관심 | 소탕 | 힘 | 재산 | 존엄 | 정치 |

(1) 상속자 : 죽은 사람의 _____ 을 넘겨받는 사람.

(2) _____ : 모조리 잡거나 없애 버림.

(3) 주목 : _____ 을 가지고 주의 깊게 살핌. 또는 그 시선.

(4) 독재자 : 한 나라의 권력을 모두 차지하고 자기 마음대로 _____ 를 하는 사람.

(5) _____ : 어떤 사람이나 신분이 매우 높고 엄숙함.

(6) 권위 : 특별한 능력, 자격이나 지위로 남을 이끌어서 따르게 하는 _____ .

02 빈칸에 알맞은 낱말을 찾아 선으로 이으세요.

(1) 그 나라 지도자는 누구하고도 의논하지 않고 멋대로 결정하는 ☐였어요.　　•　　•　㉠ 권위

(2) 왕은 백성들을 이끌고, 따르게 하는 ☐가 있어야 해요.　　•　　•　㉡ 독재자

(3) 해외에서 우리나라의 케이 팝뿐만 아니라 전통 음악도 ☐을 받고 있어요.　　•　　•　㉢ 주목

03 (　　) 안에 알맞은 낱말을 **보기** 에서 찾아 기호를 쓰세요.

보기

㉠ 존엄
㉡ 소탕
㉢ 상속자

(1) 그의 전 재산은 (　　　　)인 아들이 모두 물려받았어요.

(2) 인간은 누구나 (　　　　)하며 자유롭고 평등해야 해요.

(3) 장군은 군사들과 함께 적의 무리를 모두 (　　　　)했어요.

아우구스투스, 로마 제국의 기틀을 닦다

카이사르가 세상을 떠난 뒤 그 뒤를 이어 안토니우스, 옥타비아누스, 레피두스 세 명이 나라를 나누어 다스렸어요. 동방과 이집트는 안토니우스가, 갈리아를 비롯한 서방은 옥타비아누스가, 아프리카는 레피두스가 맡았지요.

▲ 옥타비아누스

힘이 약했던 레피두스는 얼마 지나지 않아 자리에서 물러났고, 카이사르의 부하였던 안토니우스는 카이사르를 암살한 범인들을 소탕하면서 주목을 받았어요. 안토니우스는 카이사르의 상속자였던 옥타비아누스보다 시민들의 관심을 더 받았지요. 하지만 안토니우스는 이집트 여왕 클레오파트라와 결혼하고, 로마 땅 일부를 클레오파트라에게 선물로 주어 로마 시민들의 분노를 샀어요. 이에 옥타비아누스는 로마 시민들의 지지를 얻으며 안토니우스와 악티움 앞바다에서 '악티움 해전'을 벌였어요. 이 해전에서 진 안토니우스와 클레오파트라는 스스로 목숨을 끊었고, 옥타비아누스는 로마의 최고 권력자가 되었지요.

옥타비아누스는 카이사르처럼 독재자가 되지 않기 위해 원로원의 의견을 존중하며 로마의 모든 혼란을 수습했어요. 원로원은 옥타비아누스에게 누구도 권위를 넘볼 수 없는 '존엄한 사람'이란 뜻의 '아우구스투스'라는 이름을 주었어요.

아우구스투스는 모든 권력을 쥔 황제나 다름없었어요. 이때부터 로마는 황제가 다스리는 정치인 '제정'이 시작되었지요. 이후 로마 제국은 200여 년 동안 '로마의 평화'라고 불리는 최고의 전성기를 맞았어요. 이 시기에 로마 제국은 정치, 경제적으로 안정과 번영을 누렸고, 유럽, 아시아, 아프리카에 걸쳐 영토를 크게 확장했답니다.

▲ 로마 제국의 최대 영역

01 옥타비아누스, 안토니우스, 레피두스 중에서 누구에 대한 설명인지 쓰세요.

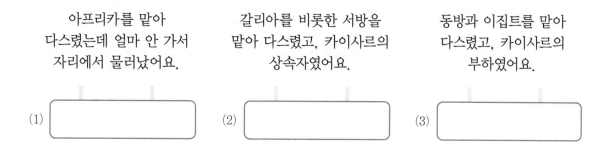

아프리카를 맡아 다스렸는데 얼마 안 가서 자리에서 물러났어요.

갈리아를 비롯한 서방을 맡아 다스렸고, 카이사르의 상속자였어요.

동방과 이집트를 맡아 다스렸고, 카이사르의 부하였어요.

(1) [   ]

(2) [   ]

(3) [   ]

02 옥타비아누스와 안토니우스에 대한 글을 읽고, 설명이 맞으면 '예', 틀리면 '아니요'에 ○ 하세요.

(1) 옥타비아누스는 카이사르를 암살한 범인들을 소탕하면서
주목을 받았어요.

예 | 아니요

(2) 안토니우스는 이집트의 여왕 클레오파트라와 결혼하고
로마 땅 일부를 클레오파트라에게 선물했어요.

예 | 아니요

(3) 옥타비아누스는 로마 시민들의 반대에도 불구하고
안토니우스와 악티움 해전을 벌였어요.

예 | 아니요

(4) 악티움 해전에서 진 안토니우스는 스스로 목숨을 끊었어요.

예 | 아니요

03 옥타비아누스에 대한 글을 읽고, 빈 곳에 알맞은 말을 쓰세요.

원로원은 옥타비아누스에게 누구도 권위를 넘볼 수 없는 '존엄한 사람'이란 뜻의

_____ 라는 이름을 주었어요.

04 로마가 200여 년 동안 누렸던 최고의 전성기를 무엇이라고 부르는지 쓰세요.

[   ]

건축재 건축에 쓰는 여러 가지 재료.

모방 다른 것을 본뜨거나 남의 행동을 흉내 냄.

수로 물이 흐르거나 물을 흘려 보내는 통로.

실용적 실제적인 쓸모가 있는 것.

정복지 남의 나라나 이민족 따위를 정벌하여 복종시킨 장소.

하층민 계급이나 신분, 지위, 생활 수준 등이 낮은 사람.

01 뜻에 알맞은 낱말을 찾아 선으로 이으세요.

(1) 실제적인 쓸모가 있는 것.　　　　　　　　•　　　•　㉠　모방

(2) 건축에 쓰는 여러 가지 재료.　　　　　　•　　　•　㉡　건축재

(3) 다른 것을 본뜨거나 남의 행동을 흉내 냄.　•　　　•　㉢　실용적

02 (　　) 안에서 알맞은 낱말을 골라 ○ 하세요.

(1) **정복지**　　남의 나라나 이민족 따위를 정벌하여 복종시킨 (장소 | 장벽).

(2) **하층민**　　계급이나 신분, 지위, 생활 수준 등이 (높은 | 낮은) 사람.

(3) **수로**　　물이 흐르거나 물을 흘려 보내는 (도로 | 통로).

03 빈 곳에 알맞은 낱말을 보기 에서 찾아 쓰세요.

| 보기 | 수로 | 실용적 | 정복지 | 하층민 | 모방 | 건축재 |

(1) 이 청소기는 먼지를 빨아들이면서 걸레질도 하는 ＿＿＿＿＿인 제품이에요.

(2) 계급이 낮은 ＿＿＿＿＿ 출신이 전쟁에서 큰 공을 세워 장군이 되었어요.

(3) 옛날에는 나무와 흙, 돌, 짚 등의 ＿＿＿＿＿로 집을 지었어요.

(4) 사람들은 저수지 물이 논까지 흐르도록 ＿＿＿＿＿를 만들었어요.

(5) 로마는 자신들이 정벌한 ＿＿＿＿＿의 문화를 받아들였어요.

(6) 그 화가의 그림은 매우 독특해 ＿＿＿＿＿하기 어려웠어요.

실용적인 로마 문화와 크리스트교

로마인들은 다른 나라의 훌륭한 문화를 받아들여 자기 것으로 만들었어요. 특히 그리스의 문학, 예술 등을 모방하여 로마 문화를 발전시켰어요. 로마는 넓어진 영토를 다스리는 데 도움이 되는 실용적인 문화가 발달했어요.

로마인들은 곳곳에 극장, 개선문, 수도교, 원형 경기장 같은 실용적인 건축물들을 세웠어요. 수도교는 도시 안으로 물을 끌어오기 위해 만든 수로이자 다리로, 건축재를 둥근 활 모양으로 쌓아 올리는 아치 기법으로 지었어요. 또 원형 경기장인 콜로세움은 콘크리트를 재료로 하여 아치 기법과 돔 기법으로 지었지요. 로마인들은 공동 화장실과 공중목욕탕도 지었고, 하수도와 배수구 시설도 만들었어요.

로마는 거대한 제국을 효율적으로 다스리기 위해 법을 만들었어요. 공화정 초기에는 로마 시민에게만 적용되는 '12표법'을 만들었고, 그 뒤로 로마는 정복지의 여러 민족을 다스리기 위해 로마 제국 안의 모든 민족에게 적용되는 '만민법'을 만들었지요.

로마 제국 초기에 새로운 종교인 크리스트교가 등장했어요. 크리스트교는 로마의 지배를 받던 팔레스타인 지방에서 태어난 예수가 창시한 종교예요. 예수는 사랑과 평등을 강조했고, 예수가 죽자 제자들이 예수의 가르침을 세계 곳곳으로 퍼뜨렸지요. 초기에 크리스트교는 황제를 숭배하지 않는다는 이유로 로마 제국의 탄압을 받았어요. 그러나 크리스트교가 하층민과 여자들을 중심으로 계속 퍼져 나갔고, 많은 사람이 믿자 결국 로마 제국은 크리스트교를 합법적인 종교로 인정했지요. 나중에는 크리스트교가 로마 제국의 대표 종교가 되었답니다.

맨 위층이 수로이고, 아래층은 사람이나 마차가 다녔어.

▲ 수도교   ▲ 콜로세움

01 로마의 문화에 대해 바르게 말한 친구를 모두 찾아 ○ 하세요.

로마는 다른 나라의 문화를 받아들이지 않았어.

롱이

로마 문화는 그리스 문화를 모방하여 발전했어.

핫또야

로마는 실용적인 문화가 발달했어.

소라

02 로마의 건축물에 대한 설명으로 맞는 것을 모두 고르세요. (　　　,　　　)

① 그리스의 영향으로 아름다움만을 추구해 실용적이지 않았어요.

② 수로이자 다리인 수도교를 아치 기법으로 지었어요.

③ 콜로세움을 콘크리트를 재료로 하여 아치 기법과 돔 기법으로 지었어요.

④ 공동 화장실과 공중목욕탕을 지었으나 하수구 시설은 없었어요.

03 어떤 법에 대한 설명인지 찾아 선으로 이으세요.

(1) 공화정 초기에 만든 법으로 로마 시민에게만 적용되는 법이에요.　•

•　㉠ **만민법**

(2) 로마 제국 안의 모든 민족에게 적용되는 법이에요.　•

•　㉡ **12표법**

04 크리스트교에 대한 설명이 맞으면 ○, 틀리면 × 하세요.

(1) 로마에서 태어난 예수가 창시한 종교예요.　　　　　　　　(　　)

(2) 예수는 사랑과 평등을 강조했어요.　　　　　　　　　　　(　　)

(3) 하층민과 여자들을 중심으로 퍼져 나갔어요.　　　　　　　(　　)

(4) 로마 제국이 멸망할 때까지 합법적인 종교로 인정받지 못했어요.　(　　)

뜻에 알맞은 낱말을 찾은 다음, 낱말과 짝 지어진 글자를 차례대로 빈칸에 쓰세요.

① 어떤 일을 자기 뜻대로 할 수 있는 당연한 힘이나 자격.

② 바다에서 임무를 수행하는 군대.

③ 본받아 배울 만한 행동이나 그러한 행동을 하는 사람.

④ 주로 정치적으로 중요한 사람을 몰래 죽임.

⑤ 죽은 사람의 재산을 넘겨받는 사람.

⑥ 물이 흐르거나 물을 흘려 보내는 통로.

암살 공	해군 마	수로 정
모범 의	권리 로	상속자 화

① ② ③ ④ ⑤ ⑥

번호에 해당하는 글의 내용이 맞으면 ○, 틀리면 ✕를 따라가며 줄을 그으세요.

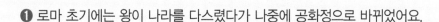

❶ 로마 초기에는 왕이 나라를 다스렸다가 나중에 공화정으로 바뀌었어요.

❷ 로마는 포에니 전쟁에서 져서 지중해를 장악하지 못했어요.

❸ 포에니 전쟁이 끝난 뒤 로마의 귀족과 평민은 모두 풍요로워졌어요.

❹ 카이사르는 원로원을 억누르고 권력을 차지했어요.

❺ 옥타비아누스는 스스로 황제가 되었어요.

❻ 원로원은 옥타비아누스에게 '아우구스투스'라는 이름을 주었어요.

❼ 로마는 실용적인 문화가 발달했어요.

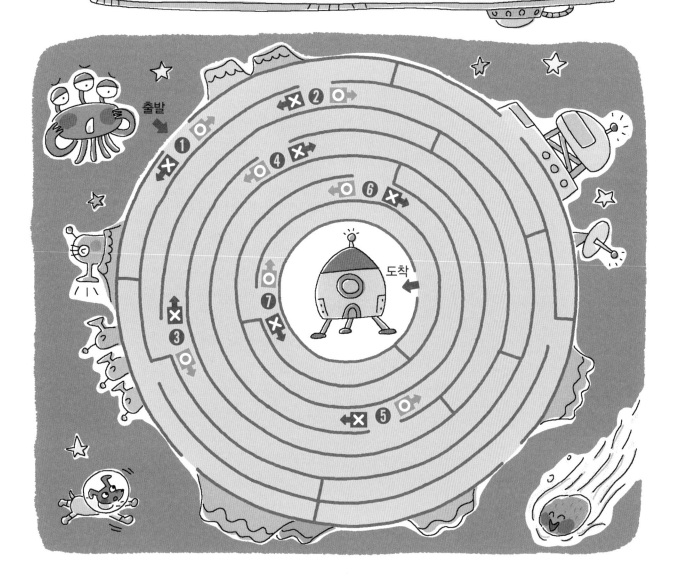

너 자신을 알라, 소크라테스

▲ 소크라테스

소크라테스는 고대 그리스의 대표적인 철학자로, 아테네에서 가장 존경받는 철학자였어요. 그는 조각가인 아버지와 산파인 어머니 사이에서 태어났지요. 소크라테스는 얼굴이 크고 이마는 벗겨지고 코는 뭉툭하고 입술은 두툼한 데다 키는 작았어요. 비록 외모는 보잘것없었지만, 욕심 없이 제자들을 가르치는 일에 전념해 그를 따르는 제자들이 항상 많았지요. 아테네 시민들은 그를 '참 지혜와 진리로 이끌어 주는 스승'이라며 칭송했어요.

소크라테스는 언제나, 어디서나, 누구나 지켜야 할 보편적 진리가 있다고 가르쳤어요. 진리에 도달하는 방법은 질문과 대답을 통한 대화였지요. 소크라테스는 누추한 옷차림으로 아테네 거리에서 아무에게나 말을 걸고 질문을 던졌어요. 지식을 가르치기보다 끊임없이 질문하면서 스스로 지식을 찾아내도록 이끌었지요.

소크라테스는 평소 "너 자신을 알라."라고 외치며 다녔어요. 그는 진정한 진리를 얻으려면 스스로 무지하다는 것을 깨달아야 한다고 강조했지요. 그러다 소크라테스는 청년들을 부패하게 한다는 죄목과 나라에서 정한 신을 믿지 않는다는 죄목으로 고소를 당해 재판을 받았어요.

소크라테스는 500명의 배심원이 있는 법정에서 당당하게 자신의 무죄를 주장했지만 결국 사형 선고를 받았어요. 그러나 소크라테스는 죽음에 대해서도 두려워하지 않았어요. 죽음은 몸과 영혼이 분리되는 것일 뿐이므로 지혜를 추구하는 참된 철학자라면 육체로부터 해방되어야 한다고 했지요. 친구들은 감옥에 있는 소크라테스에게 도망치라고 설득했지만, 소크라테스는 "악법도 법이다."라며 선고를 받아들였답니다.

나에게 불리해졌다고 해서 법을 어기는 것은 비겁한 짓이다.

평민을 위한 로마를 꿈꾸었던 그라쿠스 형제

▲ 그라쿠스 형제

그라쿠스 형제는 가난한 평민의 권리를 위해 로마를 개혁하고자 한 유명한 정치가예요. 형제의 아버지는 평민 출신이었으나 공화정 시대의 최고 관직인 집정관을 두 번이나 지내 귀족이나 다름없었어요. 하지만 형제의 아버지는 그라쿠스 형제가 어릴 때 죽어 어머니가 두 아들의 교육과 양육에 온 힘을 쏟았어요. 형제는 어머니의 뛰어난 가르침을 받고 자라 인품이 훌륭했으며 신망이 높았어요.

당시 로마는 포에니 전쟁의 승리로 넓은 영토를 가지게 되었어요. 귀족들과 부자들은 대규모 농장을 경영하면서 큰 부자가 되었지요. 하지만 자영 농민들은 보상도 받지 못하고 전쟁하는 동안 자기 땅을 돌보지 못해 경제적으로 어려움을 겪었어요.

형인 티베리우스 그라쿠스는 호민관이 되자 토지 개혁을 추진했어요. 티베리우스는 귀족이든 평민이든 가질 수 있는 땅의 면적을 제한하고, 나라의 땅을 가진 사람들로부터 나라 땅을 받아 그 땅을 평민들에게 나누어 주자고 주장했지요. 평민들은 티베리우스를 지지했으나 원로원의 보수 귀족들은 그의 뜻에 강력히 반대했어요. 결국 티베리우스는 보수 귀족 세력에 의해 비참한 죽음을 맞이했어요.

그 후 10년이 지나 동생인 가이우스 그라쿠스가 호민관이 되자 형의 뜻을 따라 평민을 위한 개혁 법안을 추진했어요. 형과 같이 땅의 소유를 제한하고, 농민들에게 땅을 나누어 주고, 빈민에게 싼 가격에 곡물을 나눠 주자고 했지요. 그러나 가이우스 역시 원로원의 보수 귀족과 대립하면서 암살당하고 말았어요.

> 조국을 위해 싸운 로마 시민이 집도 없고 땅도 없어 처자식을 데리고 떠돌고 있습니다.

1일 어휘 (11쪽)

01 (1), (2), (5)

02 (1) 문명 (2) 비옥 (3) 홍수 (4) 해자

03 (1) 가뭄 (2) 저수지

1일 독해 (13쪽)

01 메소포타미아

02 소라

03 ㉢, ㉠, ㉡

04 쐐기 문자

2일 어휘 (15쪽)

01 (1) ㉡ (2) ㉢ (3) ㉥ (4) ㉠ (5) ㉣ (6) ㉤

02 (1), (2)

03 (1) 국력 (2) 정복 (3) 전통

2일 독해 (17쪽)

01 ③

02 함무라비 법전

03 ④

04 (1) ✕ (2) ○ (3) ○ (4) ✕

3일 어휘 (19쪽)

01 (1) 부족 (2) 줄기 (3) 생김새

02 (1) 미, 라 (2) 수, 호, 신 (3) 영, 혼

03 (1) 파피루스 (2) 부족 국가 (3) 미라
    (4) 수호신 (5) 상형 문자 (6) 영혼

3일 독해 (21쪽)

01 (1) 예 (2) 예 (3) 아니요

02 상형 문자

03 ②

04 (1) ㉡ (2) ㉢ (3) ㉠

4일 어휘 (23쪽)

01 (1) 수레 (2) 아시아 (3) 감찰관 (4) 쇠
    (5) 제국 (6) 구역

02 소라, 빵이

03 (1) ㉢ (2) ㉡ (3) ㉠

4일 독해 (25쪽)

01 ③

02 은서, 승현

03 왕의 귀, 왕의 길

04 또띠

5일 어휘 (27쪽)

01 (1) 수, 용 (2) 독, 특

02 (1) ㉢ (2) ㉠ (3) ㉡

03 (1) 숭배 (2) 독특 (3) 수용 (4) 국교
    (5) 융합

5일 독해 (29쪽)

01 ①

02 (1), (2), (4)

03 조로아스터교

04 선, 불, 최후, 천국

6일 복습 (30~31쪽)

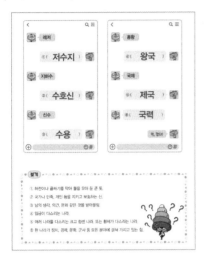

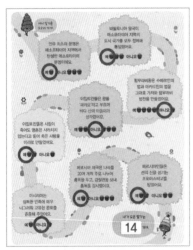

01 (1) 경전 (2) 요새 (3) 찬양

02 (1) ㄷ (2) ㄱ (3) ㄴ

03 (1) 배수로 (2) 인장 (3) 찬양 (4) 요새
(5) 경전 (6) 유목

1일 독해 (37쪽)

01 (1), (3)

02 ①

03 (1) 브라만 (2) 크샤트리아 (3) 바이샤
(4) 수드라

04 베다

2일 어휘 (39쪽)

01 (1) 횡포 (2) 욕망 (3) 해탈 (4) 제물
(5) 대우 (6) 수행

02 (1) 욕, 망 (2) 해, 탈 (3) 제, 물

03 (1) ㄱ (2) ㄷ (3) ㄴ

2일 독해 (41쪽)

01 브라만, 크샤트리아, 바이샤

02 (1) ✕ (2) ○ (3) ○ (4) ✕

03 불교

04 (1) 부처 (2) 아소카왕

3일 어휘 (43쪽)

01 (1) 제후 (2) 거름 (3) 갑골

02 (1) 흙 (2) 사람 (3) 점

03 (1) ㄴ (2) ㅁ (3) ㅂ (4) ㄱ (5) ㄷ (6) ㄹ

3일 독해 (45쪽)

01 ①, ②

02 (1) ㉡, ㉣ (2) ㉠, ㉢

03 (1) 주나라 (2) 상나라

04 봉건제, 세금, 군사

4일 어휘 (47쪽)

01 (1), (3), (5)

02 ②

03 (1) 도량형 (2) 제후국 (3) 사상

4일 독해 (49쪽)

01 (1) 아니요 (2) 예 (3) 예 (4) 아니요

02 제자백가

03 ③

04 만리장성

5일 어휘 (51쪽)

01 (1) 통, 치 (2) 재, 물 (3) 공, 신

02 (1) ㉡ (2) ㉠ (3) ㉢

03 (1) 이념 (2) 공신 (3) 통치 (4) 재물
    (5) 서역 (6) 교역

5일 독해 (53쪽)

01 유방

02 ③

03 핫또야

04 (1) ㉢ (2) ㉡ (3) ㉠

6일 복습 (54~55쪽)

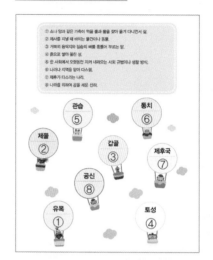

1일 어휘 (61쪽)

01 (1) ㄴ (2) ㄱ (3) ㅂ (4) ㅁ (5) ㄷ (6) ㄹ

02 (1) ㄴ (2) ㄱ (3) ㄷ

03 (1) 광장 (2) 험준한 (3) 본토

1일 독해 (63쪽)

01 (2), (4)

02 폴리스

03 아크로폴리스, 아고라

04 ②

2일 어휘 (65쪽)

01 (1) ㄱ (2) ㄷ (3) ㄴ

02 (1) 혹독하다 (2) 나랏일 (3) 불법

03 (1) 혹독한 (2) 나랏일 (3) 투표 (4) 불법
(5) 강건한 (6) 민주 정치

2일 독해 (67쪽)

01 서호

02 민회

03 (1) ㅅ (2) ㅅ (3) 아 (4) ㅅ

04 소피스트, 소크라테스

3일 어휘 (69쪽)

01 (1) ○ (2) ✕ (3) ✕ (4) ○ (5) ✕ (6) ○

02 ④

03 (1) ㄴ (2) ㄱ (3) ㄷ

3일 독해 (71쪽)

01 페르시아, 아테네

02 (1) 펠로폰네소스 동맹 (2) 델로스 동맹

03 (1) ○ (2) ○ (3) ✕ (4) ✕

04 펠로폰네소스 전쟁

4일 어휘 (73쪽)

01 (1) 중심지 (2) 원정 (3) 야망

02 롱이, 꽈리

03 (1) 후계자 (2) 원정 (3) 이주 (4) 중심지
(5) 부하 (6) 야망

4일 독해 (75쪽)

01 빵이

02 (1) 예 (2) 아니요 (3) 예 (4) 예

03 알렉산드리아

04 ②, ④

5일 어휘 (77쪽)

01 (1) 지식인 (2) 철학 (3) 풍습 (4) 지도자
(5) 동방 (6) 조예

02 (1) 조, 예 (2) 동, 방 (3) 철, 학

03 (1) 풍습 (2) 지도자 (3) 지식인

5일 독해 (79쪽)

01 헬레니즘 문화

02 (1) 아니요 (2) 예 (3) 아니요 (4) 예

03 간다라

04 ①

6일 복습 (80~81쪽)

1일 어휘 (85쪽)

01 (1) 임기 (2) 사고파는 (3) 권리

02 (1) 기, 관 (2) 조, 언 (3) 성, 문, 법

03 (1) ㉡ (2) ㉣ (3) ㉠ (4) ㉢ (5) ㉢ (6) ㉥

1일 독해 (87쪽)

01 공화정

02 (1) ㉢ (2) ㉠ (3) ㉡

03 ④

04 (1) 평민회 (2) 호민관

2일 어휘 (89쪽)

01 (1) 장악 (2) 해군 (3) 주도권 (4) 명장
　　 (5) 황무지 (6) 용맹

02 ①

03 (1) 해군 (2) 황무지 (3) 명장

2일 독해 (91쪽)

01 ①, ③

02 2, 1, 3

03 소라

04 그라쿠스 형제

3일 어휘 (93쪽)

01 (1) 암살 (2) 맞서다 (3) 독차지

02 (1) 모, 범 (2) 반, 역, 죄

03 (1) 모범 (2) 맞서 (3) 암살 (4) 독차지
　　 (5) 반역죄

3일 독해 (95쪽)

01 평민파

02 (1) ○ (2) ✕ (3) ○ (4) ✕

03 지원

04 (1) ㉡ (2) ㉣

4일 어휘 (97쪽)

01 (1) 재산 (2) 소탕 (3) 관심 (4) 정치
(5) 존엄 (6) 힘

02 (1) ㉡ (2) ㉠ (3) ㉢

03 (1) ㉢ (2) ㉠ (3) ㉡

4일 독해 (99쪽)

01 (1) 레피두스 (2) 옥타비아누스
(3) 안토니우스

02 (1) 아니요 (2) 예 (3) 아니요 (4) 예

03 아우구스투스

04 로마의 평화

5일 어휘 (101쪽)

01 (1) ㉢ (2) ㉡ (3) ㉠

02 (1) 장소 (2) 낮은 (3) 통로

03 (1) 실용적 (2) 하층민 (3) 건축재
(4) 수로 (5) 정복지 (6) 모방

5일 독해 (103쪽)

01 핫또야, 소라

02 ②, ③

03 (1) ㉡ (2) ㉠

04 (1) ✕ (2) ○ (3) ○ (4) ✕

6일 복습 (104~105쪽)

① 권리
② 해군
③ 모범
④ 암살
⑤ 상속자
⑥ 수로

세계사 1권 찾아보기